# 基礎からまなべる 保育内容（人間関係）ワークブック

編著者：田中 卓也 × 宮内 洋 × 藤井 伊津子 × 中澤 幸子

あいり出版

## 執筆者紹介

田中卓也　　■静岡産業大学　教授　　　：編者、第1章、「はじめに」

宮内　洋　　■群馬県立女子大学　教授　　：編者、グループワーク3、4、「おわりに」

藤井伊津子　■吉備国際大学　専任講師　　：編者、

中澤幸子　　■静岡産業大学　准教授　　　：編者、第9章

伊藤恵里子　■千葉明徳短期大学　准教授：第2章

秀　真一郎　■吉備国際大学　准教授　　　：コラム1、2

木本有香　　■東海学園大学　准教授　　　：第3章

小久保圭一郎■千葉明徳短期大学　教授　　：第4章　1〜4

川村高弘　　■神戸女子短期大学　教授　　：第4章　5〜7

橋場早苗　　■盛岡医療福祉スポーツ専門学校　専任教員：コラム3、4

佐藤寛子　　■静岡産業大学　専任講師　：コラム5

岡野聡子　　■奈良学園大学　准教授　　　：第5章

佐々木由美子■足利短期大学　教授　　　　：第6章

増田吹子　　■久留米信愛短期大学　専任講師：グループワーク1、2

内田祥子　　■高崎健康福祉大学　専任講師：第7章

郷家史芸　　■東北生活文化大学　非常勤講師：第8章1、2

香曽我部　琢■宮城教育大学　准教授　　　：第8章3、4

五十嵐淳子　■東京家政大学　准教授：第10章1、2

浅見優哉　　■愛国学園保育専門学校　専任教員：第10章3

## ■はじめに■

　本書は、将来保育者（保育士・幼稚園教諭・保育教諭・施設職員など）を自らの仕事にしようと考えているみなさんと、「新人保育者」として現場で多くの子どもとかかわる保育者としての経験の少ないみなさんのために作成しました。また保育者養成を行なっている四年制大学をはじめ、短期大学、専門学校、さらには高等学校の保育学科（保育科）の学生のみなさんまでを広い対象として考えて作られています。それは「誰もが手に取りやすい」ものであり、自分の好きな本を読んでいくような感覚で「気軽に学ぶことができる」といったところでしょうか。また現在保育現場に勤務している保育者のみなさんにも読まれてもよい内容が含まれています。いわば幅広い立場にあるみなさんに愛される、そんなテキストであると自負します。

　さて本ワークブックの特徴は大きく３つあります。一点目は、「テキスト」（教科書）としてではなく、「ワークブック」としているところです。多くの「保育内容（人間関係）」の授業では、テキストが事前に決められ、テキストの内容に沿って「シラバス」が作成され、シラバス集や大学・短期大学・専門学校のホームページ上に掲載されて講義が進められていくことになるでしょう。本ワークブックは、各章の概要などの説明をできるだけ少なくし、学生さんが自ら学ぶことができるよう、ワークを多く取り入れています。大学、短期大学、専門学校などの講義内でも使用できますし、また学生のみなさんが自学自習で取り組むようにもできています。そのため学生さんがつねに放さず持っていられるようなサイズのレイアウトにもなっていますので、大いに活用していただけると幸いです。

　二点目としては、2017年に改訂された「保育所保育指針」や「幼稚園教育要領」、さらには「幼保連携型認定子ども園教育・保育要領」に対応できるような「最新型の準拠型ワークブック」になっているところです。各章担当の執筆者は、大学や短期大学、専門学校などで実際に講義をしている先生方ばかりです。講義をしている先生方の目線から、「ここが大事なところ」とか「ここは難しいと思われるので、わかりやすく」といったところから、各章の内容がつくられています。

　ワークを行なっていて、理解が進む学生さんはどんどん先に学習を進めていきましょう。またワークが難しいと思われる学生さんは、各章に明記された概要をしっかり読み込み、再度ワークにチャレンジしましょう。わからないからといって、焦る必要はまったくありませんよ。みなさんが、将来保育者になるという夢をかなえることができれば、遅い早いは大きな問題ではないからです。「わかった」という感触がとても大切だからです。「わかった」のであれば、次のところも「わかった」という感覚が持てるようにじっくりとりくんでいきましょう。

　最後の三点目になりますが、大切な内容が凝縮されているので、時間や手間、ひまがかからないということです。学生のみなさんは、講義だけでなく、アルバイトやクラブ活動などで忙しくされていることでしょう。そんな毎日を忙しく過ごしている学生のみなさんのことをよく考え、各章のページ数も8ページから10ページほどとあまり多いという印象はないかと思います。いわば一度取り組んだら最後までやりきってしまうだけの集中力が持つことのできる紙幅になっています。長文を読むことが苦手な学生さんやじっくり取り組むことが得意でない学生さんでもできるような学

生さんに「やさしいワークブック」なのです。

　最後になりましたが、これから「保育内容（人間関係）」を学ぶことになるみなさんに、この文言を伝えたいと思います。

「他の人々と親しみ、支え合って生活するために、自立心を育て、人とかかわる力を養う」

「保育内容（人間関係）」の冒頭に書かれている大切な文言になります。「人間関係」では、「他の人々と親しみ、支え合って生活する」ことが求められます。保育者をめざす学生さんもきっと友達や先生、恩師、仲間がいて親しむ機会はあったでしょうし、これからもあることでしょう。そして「自立心を育て、人とかかわる力を養う」ことが求められています。

　いろいろな人とかかわることは、自分自身の力になっていくのです。「人間関係」の学びは、ひょっとするとみなさんの「人生のための学び」につながるかもしれません。

　さあ、まずは最初の1ページを開いてください。人間関係を学ぶ講義のはじまりです。

2019年12月10日

編者のひとりとして　　田中卓也

□目　次□

はじめに

# 第1章
# 幼児を取り巻く人間関係

## 1 幼児をとりまく現況と保育を通じた人間関係をまなぶ！

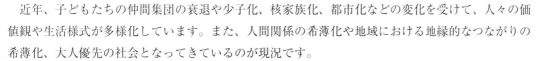

　子どもは、人と人との間にうまれ、人と人との間で育っていくことになります。人が成長し、生きていくためには、人間関係が極めて重要です。子どもの成長発達には適切な人的環境が欠かせません。

　近年、子どもたちの仲間集団の衰退や少子化、核家族化、都市化などの変化を受けて、人々の価値観や生活様式が多様化しています。また、人間関係の希薄化や地域における地縁的なつながりの希薄化、大人優先の社会となってきているのが現況です。

　わたしたちが学ぶことになる幼稚園教育要領や保育所保育指針、幼保連携型認定こども園の保育内容「人間関係」は、他の人々と親しみあいながら、たがいに支え合って生活することが重要です。そのためには自立心を育てながら、さまざまな人とかかわる力を養うことが大切となります、と明記されています。

　ねらいについてみてみると、(1)幼稚園（保育園）に親しみ、自分の力で行動することの充実感を味わう (2)身近な人と親しみ、かかわりを深め、愛情や信頼感をもつ (3)社会生活における望ましい習慣や態度を身に付けることがあげられています。

　ねらいを達成するための指導事項については、すべてで13項目の内容を示しているといわれています。それは子ども一人ひとりが発達に即して、自分が保護者や周囲の人々に温かく見守られているという安心感を基本にしながら、人に対する信頼感をもつことで、自分自身の生活を確立していくことが培われると示されています。また、幼児期にふさわしい必要な体験を得られる中で、自らの問題として取り組みながら、望ましい方向に活動を展開していくことや、子どもがさまざまな経験を通して、成功したり失敗したり、また自信をもったり、感動したり、さらには葛藤などを通して互いに理解することで、地域との体験を重ねあわせながら、かかわりを深めたり、共感や思いやりなどをもちながら、人とかかわる力を育てることになると示されています。

　さて「学校教育法」の第22条を見てみると、「幼稚園は、義務教育及びその後の教育の基礎を培うものとして、幼児を保育し、幼児の健やかな成長のために適当な環境を与えて、その心身の発達を助長することを目的とする」と明確に記されています。子どもを取り巻く身近な社会や自然環境などとかかわる生活を安定した情緒の下において、人とかかわることの楽しさや大切さを知ったり、身近な人へ信頼感を深めたりしながら、自主性や自立心、または協同性や規範意識などを養うよう配慮が必要となります。

　そして、保育者や保護者は子どもらの行動や性格、時には基本的な生活習慣や態度の育成に働きかけながら、その体験や学習の中から人とかかわる力の基礎を身につけることが大切となります。そのため「人間関係」は、人間形成そのものに密接な関係をもつような、幼児教育の基礎となる領域であるといえるでしょう。

## ②子どもの「遊び」と「かかわり」の重要性をまなぶ！

　子どもと人間関係を考えるうえで、大切になることのひとつに、子どもと「遊び」を通じた人間関係が重要になります。核家族が多いなかで、幼稚園や保育園に来園することで、はじめて友達や保育者をはじめ、他の大人らに出会う子どもも少なくないでしょう。

　こうした現状をふまえながら、子どもらが幼稚園や保育園、認定子ども園をはじめ, 地域の活動を通じて、さまざまな人間関係を築きながら、社会性を経験することは教育的な意義を持つといえるでしょう。また子どもは遊びの中で同年齢の子どもとのかかわりだけでなく、異年齢の子どもとのかかわりをもつ経験ができることは、子どもの発達や社会性において、重要な役割をもつといえます。

　幼稚園教育要領の「3　内容の取扱い」においては、⑶幼児がお互いにかかわりを深めながら、共同して遊ぶようになるためには自らが行動する力を育てるようにするとともに、他の幼児と試行錯誤しながら、活動を展開する楽しさや共通の目的が実現する喜びなどを十分に味わうことができるようにすること、と明記されています。

　かくして子どもの育ちは「遊び」の中で、「ひと」との「かかわり」をもつことを通して、自分の気持ちや思いを表現するだけでなく、子どもの中で「自分」というものが確立されていくことが予想されます。このことからわかるように子どもの育ちには「遊び」と「かかわり」は欠かせないものなのです。

## ③子どもの周りの人々とのかかわりについて学ぶ

　子どもが日々の生活を通じて、人とかかわる場面は多様にあります。一日の生活のなかでとり上げてみると、保護者や兄弟、姉妹、祖父母などにみられる「家庭」とのつながりや、保育園、幼稚園および認定子ども園に通園している場合には、園内外にいるさまざまな職種や立場の大人や子どもらと出会うことがあり、さまざまな人との交流が行なわれています。子どもたちはどのようにして、周囲の人々とかかわり、経験を積み重ねていくのか、保育者にとってそのかかわりをどのようにとらえていくのかについて、考えていく必要があります。

　保育者は、家庭での子どものようすなど、なかなか把握することができないことがあります。保育者は園での子どもの言動や姿から想像したり、保護者に尋ねたりすることで、家庭での生活を感じようと努力しているシーンを見かけることもあります。

　つぎに保護者とのかかわりについてみてみましょう。子どもは保護者によって愛情や愛着を注がれることで、幸せを感じながら、日々成長を遂げていることがわかります。子どもと保護者の関係も変化がみられるようになってきました。1990 年代以降になると、「友達のような親子」という言葉が言われるようになりました。なんでも相談できる親子ということですので、良い関係でもある

のでしょう。しかし親の威厳がなくなり、縦の関係だったものが、横の関係になってしまい、子どもの願望がみたされなくなりつつあります。

　また子どもの数が減少し「少子化」傾向にあるといわれています。小学校や中学校の学級数が5から3に減少した、クラスの人数も40人から20人に減少した、という光景を見たことがあると思われます。学校帰りに公園などでみんなで遊ぶという光景も、ほとんど見られません。子どもたちが「習い事」に一生懸命になるようになりました。夜遅くまで習い事で時間をとられてしまい、睡眠時間も減り、次の朝元気よく起きることがなくなってきています。

　地域社会との関係では、子どもの犯罪が多発化するようになり、子どもたちが近所のおじさんやおばさんを知らなかったり、となりのおうちにおしょうゆやお塩などを借りることがみられなくなりました。そのため「あいさつ」をすることも随分少なりました。また悪いことをすると、近所のおじさんやおばさんに叱られるということもありましたが、現在ではほぼ見られなくなりました。地域社会の崩壊により、子どもの遊び場所も戸外から室内に変化を遂げるようになっています。

【第1章のワーク】
【1】つぎの文章は、「幼稚園教育要領」（平成29年告示）についての、「人間関係」について説明しています。（　　　　）内にあてはまる言葉を書き入れて完成させましょう。
☞【考えるヒント】
　これから、みなさんは、「保育内容（人間関係)」5領域を学んでいくうえで、大切な内容になります。『幼稚園教育要領』について何度も読みながら、しっかり頭に入れておきましょう。『保育所保育指針』や『幼保連携型認定子ども園教育・保育要領』についても同様に大切です。しっかり読み、理解しておきましょう。

人間関係
（①　　　　　　　　　）と親しみ、支えあって生活するために、（②　　　　　）を育て、人と関わる力を養う。

1　ねらい
（1）幼稚園生活を楽しみ、自分の力で行動することの（③　　　　　　）を味わう。
（2）身近な人と親しみ、かかわりを深め、工夫したり、協力したりして（④　　　　）に活動する（⑤　　　　　）を味わい、愛情や（⑥　　　　　）をもつ。
（3）（⑦　　　　　）における望ましい（⑧　　　　　）や態度を身に付ける。

【2】みなさんの「長所」と「短所」をあげてみましょう。みなさんがあげた「短所」は、「人間関係がよくなるアピール」となるように、書き換えてみましょう。
☞【考えるヒント】
　人間にはだれしも、「長所」と「短所」があるといわれます。しかし「長所」だけで人生を送る

ことは無理であり、「短所」も受け入れていくことになります。保育者の仕事についても同じことが言えます。では「短所」をみなさんの「強み」に変えることはできないでしょうか？　見方が変われば、内容も変わります。考えながら書いてみましょう。

| ＜長所①＞ | ＜長所②＞ |
|---|---|
| ＜長所③＞ | ＜長所④＞ |
| ＜短所①＞ | ＜アピール＞ |
| ＜短所②＞ | ＜アピール＞ |
| ＜短所③＞ | ＜アピール＞ |

【3】現在の日本は、「核家族」が多くなったといわれています。では「核家族」とはどのような家族のことをいうのでしょうか。また、「核家族化」がすすむと、どのような問題がおこることになるのでしょうか。グループで考えて、意見を出し合ってみましょう。

☞【考えるヒント】

「核家族」は父、母、子が考え方の基本になります。「核家族化」が進むと、子育てについて相談する人の存在や、夫婦の関係にも大きく影響することになります。また地域社会との関係性については変化はないでしょうか？

| |
|---|
| 核家族とは・・・ |

核家族化が進むと・・・

【4】いまの日本では、「地域との人間関係が希薄になった」とよくいわれます。ではなぜ「人間関係が希薄」になったのでしょうか？ その理由についてグループをつくって話し合い、いろいろな意見を出し合ってみましょう。

☞【考えるヒント】

　むかしといまの家族の形態や、地域社会の変化について調べてみると、 よいかもしれません・・・

【5】赤ちゃんは、一日を通して、どのような場面において、どのような人と出会うでしょうか。
　　図などをつくり、考えてみましょう。

☞【考えるヒント】

　赤ちゃんは、一日のなかで、さまざまな人との出会いを通して、生活しています。まさに人間関係の基本を身に着けようとしています。おうちで、外で、それぞれどんな人と出会っているのか、考えてみましょう。みなさんが大学に行く際や自宅に戻る際など見かけることがあるのではないでしょうか？

【ふりかえり】

　第1章をここまで学びましたが、どのようなことを理解しましたか。箇条書きでよいですので、具体的に書き出していきましょう。

【参考文献】
田代和美編（2012）『保育内容　人間関係』（建帛社）
岸井慶子・酒井真由子（2018）『コンパス保育内容　人間関係』（建帛社）
田村美由紀・室井佑美編（2017）『＜領域＞　人間関係ワークブック』（萌文書林）
無藤隆・岩立京子編（2007）『領域　人間関係（事例で学ぶ保育内容）』（萌文書林）

# 第2章
# 人と関わる力

## 1 「人と関わる力」―そのような力が存在するのか

### (1) 人間関係に悩む私たち

いまこの本を手に取ったあなたは、保育者をめざす大学生や短大生、専門学校生であると思います。そのようなみなさんであればもちろんおわかりだと思いますが、保育の場では、子ども、保護者、職場の同僚や上司、地域の人々など、さまざまな人たちに出会い、関わっていくことになります。

筆者が所属する短大の学生さんたちからは、「子どもと関わるのは好きだけど、大人と関わるのはちょっと……」などという声が聞こえてくることがあるのですが……。みなさんは、いかがですか。

「人と関わることが好きですか」

「人と関わることが得意ですか」

このように問われたとしたら、あなたはどのようにこたえるでしょうか。


さて、筆者は、短大で教えるようになるより以前、非常勤講師を掛け持ちしながら音楽教室で仕事をしていたことがありました。そこの受付には、大学生や専門学校生がアルバイトとして勤務していたのですが、あるとき、音楽教室の生徒だった女の子が動物の看護師をめざして専門学校に入学したことをきっかけに、アルバイトとして入ってこられました。筆者がその学生さんに「学校生活はどうですか」と声を掛けると、「なんとか友達をつくったので大丈夫です」というこたえが返ってきて、とても驚いたことを覚えています。私としては、彼女が小さい頃から動物の看護師になりたいという夢をもっていたことを知っていましたし、「授業が面白い」や「いろんな動物に触れ合えて嬉しい」という反応を期待していたのですが、彼女の関心事は「友達をつくること」であったようでした。「友達って"つくる"ものなのかなあ」「学生時代の私もそうだったかなあ」などと、当時の私は考えを巡らしました。

時が経ち、短大で教えるようになると、そこには、互いの目を気にしている学生さんたちの姿がありました。友達になんと思われるかが気になってしまうのです。ゼミなどの自由にコースを選択する科目を履修する際には、その授業内容よりも「○○さんと同じコースになりたい（もしくは、なりたくない）」や「友達の△△さんと同じコースにしないとどう思われるか……」などが重要な判断基準となります。人間関係に気を遣い、神経をすり減らしている様子がそこここで見受けられるのです。

前述のようなことは、身に覚えのある方もいるのではないでしょうか。こう書いている筆者自身、経験がないわけではありません。私たちはだれしも、それぞれの人間関係を生きていますし、社会のなかで生きている私たちにとって、人間関係は大きな関心事になっているのではないでしょうか。

　ところで、学生時代が過ぎ、就職すると、そこでまた新たな人間関係に出会います。冒頭に記したように、保育の場では、子どものほか、保護者、職場の同僚や上司、地域の人々などと関わっていくことになりますが、ここで取り上げたいのは職場の同僚や上司のことです。じつは、保育者の離職理由について調査した「指定保育士養成施設卒業生の卒後の動向及び業務の実態に関する調査」(2009) によると、大学や短大を卒業後2年以内に離職した人の離職理由の第1位が「職場の人間関係」だったのです。どうやらここでも、人間関係が悩みのタネのようです（こんなことを書くと就職するのがこわくなるかもしれませんが……「保育者同士の人間関係」については第7章で学びましょう）。ここで言いたいのは、私たちはずっと、社会のなか、人間関係のなかで生きてきましたし、これからも生きていく、ということです。

### (2)「人と関わる力」とはどんな力だろう

　人間関係に気を遣い、だれにどう思われるかが不安な私たち。では、「人と関わる力」があれば、人間関係がうまくいき、人間関係に悩むことがなくなるのでしょうか。

　そもそも、「人と関わる力」とは、どのような力なのでしょう。じつは、「幼稚園教育要領」や「保育所保育指針」が示した「人間関係」の領域の冒頭の文章には、「人と関わる力を養う」ということが記されています。「人と関わる力」がどのようなことを指しているのかを私たちが理解しないことには、子どもたちに指導・援助していくことはむずかしいでしょう。また、私たち自身が人との関わりに悩んだり疲れたりしているのに、どうすれば子どもたちに指導・援助することができるのでしょうか。そのような意味でも、「人と関わる力」とは何か、考えてみたいと思います。

　まず、最近ではあたりまえのように聞くようになった、「コミュニケーション能力」という言葉に置き換えることができるでしょうか。ある学生さんからは、「私って"コミュ障"だから……」という言葉を聞いたことがあります。きっと、「コミュニケーション障害」という言葉を略して言ったのでしょう。しかし、「コミュニケーション障害」とは本来、聴覚器官や発声器官が原因で起きる身体障害や、精神障害、発達障害のことを指します。「私はコミュ障だ」と言っていた学生さんは、このいずれにもあたりませんでしたので、きっと「人とのコミュニケーションが苦手だ」ということを言いたかったのだと思います。「コミュニケーション能力」という言葉があたりまえになってきてから、一般的には、それをもつことが人間にとって良いことであり、それをもっていない人はダメな人、という認識になってはいないでしょうか。この学生さんも、「私はコミュ障だ」、つまり「ダメな人だ」と言わんばかりでした。

　ここで、「コミュニケーション能力」という言葉が使われる場面を考えてみたいと思います。友達同士や家族等の親しい間柄では、「あなたはコミュニケーション能力が高いですね」などとは言わないでしょう。では、どういうときに使われるかというと、ひとつには、人が人を評価するような場面で用いられる表現であることに気づきます。例えば、就職の面接の際に、面接官が応募者を「コミュニケーション能力が高い（もしくは、低い）」などと評価したりします。または、採用側が

「うちの会社で必要なのは知識よりもコミュニケーション能力だよ」などと言ったりします（これは教員としては悲しいですが……）。このような場面で使われる「コミュニケーション能力」という言葉がどんなことを指しているかというと、その多くは「私（ある一方の側）の意図を汲んでその通りに動いてくれる力」なのではないでしょうか。もしもこのような意味で「コミュニケーション能力」という言葉が使われているのであれば、そのような力は無理にもたなくてもいいでしょう。また、相手にそのような力を求めた場合、その相手は非常に苦しい思いをするかもしれないのです。というのは、集団の中で生きていくとき、相手の気持ちを思いやったり、協調していくことはたしかに大切ですが、一方では、自己主張することを抑え、自分のこだわりや感性を大切にできない状態でもあるわけです。我慢を強いられる側は、とても辛いものでしょう。

　さて、ここまで、「人と関わる力」という言葉を、世の中に広まっている「コミュニケーション能力」に置き換えて考えてみました。しかし、どうもしっくりきません。では次に、文部科学省が定める「幼稚園教育要領」が示した「人間関係」の領域を見てみることにしましょう。「幼稚園教育要領」では、「人と関わる力」をどのようにとらえているのでしょうか。

●表2-1：幼稚園教育要領　第2章　人間関係

| ［他の人々と親しみ、支え合って生活するために、自立心を育て、人と関わる力を養う］ |
| --- |
| 1　ねらい<br>(1) 幼稚園生活を楽しみ、自分の力で行動することの充実感を味わう。<br>(2) 身近な人と親しみ、関わりを深め、工夫したり、協力したりして一緒に活動する楽しさを味わい、愛情や信頼感をもつ。<br>(3) 社会生活における望ましい習慣や態度を身に付ける。 |

　表2-1を見てください。まず、冒頭の文章に注目してみましょう。「他の人々と親しみ、支え合って生活するために、自立心を育て、人と関わる力を養う」と記されています。ここからは、「人と関わる力」とは「他の人々と親しみ、支え合って生活するための力」だということが読み取れます。なるほど、「コミュニケーション能力」を読み替えた「ある一方の側の意図を汲んでその通りに動く力」よりは、納得できるのではないでしょうか。しかし、堂々巡りになりますが、「他の人々と親しみ、支え合って生活するための力」とは、どんな力なのでしょうか。

　そろそろ、頭がこんがらがってきたかもしれません。ここまで「人と関わる力」について考えてきましたが、どうやら私たちは、「○○力」という言葉になった瞬間、何かすばらしい特効薬のようなものを想像し、それを飲めば（知れば）その力をもつことができるように錯覚してしまうようです。しかし、残念ながら、そのような特効薬は存在しません。

　「人と関わる力」や人間関係がうまくいく方法などに、正解はないように思います。それがどんな力かを考えるよりも、いま私たちにできることは、自分は目の前の人とどんなふうにつきあっているのか、周りの人とどんな人間関係を築いているのか、自分はどんな人間関係を望ましいと考え

ているのか、これらについて見つめることなのだと思います。自分の本当の気持ちに耳を傾けてみてください。そこから、自分なりの「人と関わる力」がひらかれていくことでしょう。

## ②保育者として子どもと関わるときに

　前節では、「人と関わる力」について、あれこれと考えてきました。考えたうえで、それよりも、いまの自分自身を見つめてみようという結論になり、少しモヤモヤしている方もいるかもしれません。モヤモヤをモヤモヤのまま受け止めることはとても大事なことなのですが、この節では、実際に保育者として子どもと関わる際に意識してほしいことについて、少し具体的に挙げてみましょう。しかしながら、前節で述べたように、"自分なりの"関わり方を、関わりながら見つけていくことを忘れないでほしいと思います。

　まず、もう一度「幼稚園教育要領」（表2-1）を確認してみましょう。人間関係の領域について指導・援助していく際のねらいが3つ記されていますが、これらは相互に関連し合っています。子どもは、幼稚園や保育所の生活において、他の子どもや保育者と触れ合うなかで、自分の感情や意志を表現していきます。自分がやりたいと思ったことをやってみようとし、それを行なうことで充実感を味わうことでしょう（ねらい(1)）。また、他の子どもと共に活動する楽しさを味わい、ときには子ども同士の自己主張のぶつかり合いが起こることもあるかもしれません。しかし、そこでそれぞれが葛藤したり、考えを出し合ってよりよいものになるように工夫したりする体験を重ねながら、身近な人への愛情や信頼感をもつようになります（ねらい(2)）。そして、このような生活のなかで、考えながら行動したり、きまりの大切さに気づくなど、生活のために必要な習慣や態度を身につけていきます（ねらい(3)）。以上の3つのねらいにもとづいて、子どもたちにとって必要な体験が得られるよう、保育者はその環境を整え、援助していく必要があるのです。そしてそれが、"子ども一人ひとりにとっての"人と関わる力につながっていくのでしょう。

　また、改めて「幼稚園教育要領」（表2-1）の冒頭の文章を見てみると、「他の人々と支え合って生活するために」ということが記されています。これは、この先もずっと社会の人間関係のなかで生きていく子どもたちにとって（私たちにとっても）、大事なことを述べていると感じます。人とアジャストする（合わせる）ために人と関わる力を養うわけではない、ましてや争ったりするためではない、この先の人生を周りの人々と支え合って豊かに生きていくためであることを述べているのではないでしょうか。このようなことも、保育者となるみなさんには、じっくりと考えていただきたいところです。

　最後に、保育者として、子どもへのメタ・メッセージを意識してほしいということを挙げておきます。メタ・メッセージとは、言葉などの直接的に伝えるメッセージではなく、保育者が知らず知らずのうちに子どもに伝えてしまっているメッセージのことです。例えば、言葉では「○○ちゃんの思う通りにやっていいよ」と伝えながら、心の中では「思う通りにはやってはいけない」と考えていると、表情や態度にそれが現われてしまいます。子どもは、表情や態度から保育者の心の内を読み取り、結局は保育者の思う通りに従うことでしょう。それは、前節で述べた「ある一方の側の

意図を汲んでその通りに動く力」を子どもにもたせてしまうことにつながってはいないでしょうか。これでは、保育者の顔色を常にうかがい、怒られないように、保育者の意図を読み取ってそれに合わせる人に育ってしまうおそれがあります。人に合わせる力が人と関わる力ではないということは、本章でくりかえし述べてきたことでした。そして、人に過剰に気を遣い、人間関係に悩み、人にどう思われているか不安になること、それが辛いことであることを知っているみなさんには、同じことを子どもにさせないでほしいと思います。

　メタ・メッセージを意識するとは、表情などから読み取られないように、適切な表情をするように心がけましょうと言っているのではありません。自分は本当はどう思っているのか、それを考えてほしいのです。そのとき、子どもを意のままに動かしたいと思っている自分に気づくこともあるかもしれません。このように、保育者が自分自身を見つめる姿そのものから、子どもたちは、人と関わることのなんたるかを感じとっていくのではないでしょうか。

【参考文献】
全国保育士養成協議会（2009）「「指定保育士養成施設卒業生の卒後の動向及び業務の実態に関する調査」報告書Ⅰ」
文部科学省「幼稚園教育要領」
文部科学省「幼稚園教育要領解説」

**コラム1**：さまざまなところで見かける赤ちゃん

　赤ちゃんがいるだろうと予想できる場所って、どんなところがあると思いますか？ ここでどれだけの場所を予想できるかが、実は赤ちゃんにとって大切な援助にもなるのです。

　赤ちゃんはみなさんの生活するいろいろなところで見かけることができます。「えっ？ 赤ちゃんって、そんなにいろいろなところにいますか？」と思う人もいるかもしれませんが、実はいるんですよ！ 私たちは意識をしていない中で、さまざまな場所で赤ちゃんに出会ってるはずなんです。でも、赤ちゃんにとってはこの「意識していない」ことによって、見過ごされていることがとても辛く、しんどい状況を作っています。

　人は、自分の都合の良いように物事を解釈しがちで、都合の良いように状況を捉えがちです。保育所や子育て支援センターのようなところで赤ちゃんの泣いている声を聞くと、「お腹が減ったのかなぁ？ オムツが濡れて気持ち悪いのかなぁ？ 眠たいのかなぁ？」というように、赤ちゃんの気持ちや状態に寄り添うような考えを持つことができると思います。それは、保育所や子育て支援センターは、赤ちゃんがいてもおかしくない、いて当然だと意識している場所だからです。しかし、この意識が薄らぐ場所や自らの生活や楽しさが中心となる場所であった場合、どうなるでしょう？

　ショッピングモールや少し混雑した商店街など、買い物が目的であったりウィンドウショッピングを楽しんでいると、周りに目を向けることは難しくなるかもしれません。ましてやベビーカーなどの低い位置にいる赤ちゃんは、死角に入ってしまい、見過ごしてしまうかもしれません。普段は気にしない手提げ鞄や肩から提げた鞄は、ちょうどこの低い位置にいる赤ちゃんと同じ高さになるはずです。もし、意識をせずに歩いていると、どうなるかは想像ができますね。このような意識の薄らぎが、電車やバスの中で起こっているとすると、どうなるでしょう？

　狭く限られて空間は、人に対してプライベートな意識を高めさせるのかもしれません。自らが運転することなく目的地へ連れて行ってくれる電車やバスは、ゆったりとした心地よさを与えてくれると感じる人もいるでしょう。しかし、移動のために仕方なく乗っている人にとっては、その時間や空間さえ「仕方ない」ものと感じることでしょう。

　これは赤ちゃんも同じ感覚を持っているのです。特に、あらゆることを大人に委ねている赤ちゃんは、自らの意思でこの時間と空間を選んでいるのではないのです。そのような場所と時間、あなたは楽しく過ごすことができますか？ましてや、自らの状況や感情をコントロールすることがまだまだ難しい赤ちゃんです。気を紛らわせたり別のことで持て余す時間を過ごすことなど、赤ちゃんはできません。唯一自らの意思でできること、それは泣くことなのです。泣くことは、赤ちゃんの唯一の意思表示です。赤ちゃんの意思表示、あなたはどれだけ気づいてあげることができていますか？ その意思表示を、どれだけ尊重してあげることができるでしょうか？ 少しの優しさや気遣いが、そんな意思表示をする赤ちゃんにとってはとってもありがたい手助けになるでしょう。また、そんな優しさは、子育てをしている保護者の方にとってもありがたい手助けとなるでしょう。

　さまざまなところで出会う赤ちゃんに意識を向けてみてください。その意識が、赤ちゃんとの大切で貴重な優しさと意思表示と交わる接点を見出してくれるはずです。

**コラム②**：赤ちゃんと喃語　赤ちゃんのことばの世界

　赤ちゃんにとっての最初のことばとは、「あ〜あ〜、う〜う〜」などの、喃語ではないでしょうか。ことばといっても聞いている大人は、その本意を喃語から理解することは容易ではありません。しかし、この喃語は、赤ちゃんにとってことばとしての役割よりももっと大切な意味をもっています。

　赤ちゃんは、自分一人では何もできません。生きることの全てを誰かに委ねています。その誰かとの関わりを自ら意図的に作ることも、まだまだ難しい状態です。その存在の愛おしさと、か弱い存在であることを他に認識させることのできる存在感によって、生きることを委ねることのできる誰かを惹きつけているのではないでしょうか。そんな赤ちゃんが成長し、自ら主体的表現によって表出してきたものが、喃語となります。

　喃語は、まさに自己主張の現われとともに、他の存在との関係を生み出すまたは、他を引きつける役割を持った、人間関係形成ツールとも呼べるのではないでしょうか。一生懸命何かを伝えたいという思いで表出した喃語、こっちを見てほしいこっちに来てほしい願望の現われた喃語、大好きな大人が投げかけてくれることばを真似したくてやってみたら出てきた喃語。喃語はいろんな意味を持ち合わせていますね。

　大人として、そのような喃語の表出にどう対応すればいいでしょうか。大学生の中には実習前に、「赤ちゃんはことばが通じないから関わりに不安がある」という人もいます。それならば、ことばが問題なく出てくる5歳児との関わりは、なんの不安もなく子どもたちのことも理解できるのでしょうか？　その感覚は決して正しいとは言えないのではないでしょうか。赤ちゃんのことを理解するうえで大切なことは、受け身のように子どもの発信することを待つのではなく、こちらから理解しようとする積極的態度が重要です。喃語を表出させている子どもは、自分ではことばを発しているつもりのような状態だと言ってもいいと思います。

　そのような子どもたちにとって大切なことは、信頼関係や情緒的絆を築いている特定の大人から受け取ることができる受容的・応答的関わりとなるのです。自らの喃語という自己発信を好意的に受け止めてもらい、なおかつ応答的対応を返してもらえることで、「わかってもらえた！受け止めてもらえた！」という達成感や満足感につながるのです。このような経験が、「もっとわかってもらいたい！もっと受け止めてもらいたい！」という次の意欲につながり、よりわかってもらうために大人の話すことばに注目し、よく聞き、真似をしようとするのです。

　赤ちゃんのことばの世界とは、私たち大人以上に複雑で多言語的なのかもしれません。言語感覚が確立していないからこそ、ことばを音として認識している段階だからこそ、豊かで美しく、流れるようであり、弾むようであり、優雅に飛び立つようなものであると思います。そのような赤ちゃんと関わる大人として、宝物のような赤ちゃんのことばの世界を大切に受け止めていきたいですね。

# 第3章
# 人間関係で育つ協同性

　幼稚園、保育所、認定こども園といったたくさんの子どもが集う保育現場は、人数分のすべり台や、人数分の同じおもちゃはそろっていません。つまり、園に通うということ自体が、自然に友達と関わり、おもちゃや道具を共有する機会にあふれていることを示しています。

　それでは、共に力を出し合いながら育つ協同性はいつ頃育つのでしょうか。それは、保育者に自分の思いを受けとめてもらい、園の保育者や友達への親しみを深める経験の積み重ねの中で、「友達と関わる中で、互いの思いや考えなどを共有し、共通の目的の実現に向けて、考えたり、工夫したり、協力したりし、充実感をもってやり遂げるようになる」（2018年度施行保育所保育指針第1章総則4幼児教育を行う施設として共有すべき事項（2）幼児期の終わりまでに育ってほしい姿（ウ）協同性より）のです。決して突然5歳児クラスで育つのではなく、乳児期からの周りの人々との関わりの育ちの延長上に協同する姿が表われてくるといえます。

　本章では、人との関わりの中で育つ協同性について、領域「人間関係」における協同性の取り上げられかたを整理したうえで、事例を通し理解を深めていきます。

## ①領域「人間関係」における協同性とは

　領域「人間関係」における協同性の育ちについては、2018年度施行の保育所保育指針を元に図3-1のようにまとめることができます。

　乳児期は、保育の内容が3つの視点に分けられており、その中の視点「（イ）身近な人と気持ちが通じ合う」が領域「人間関係」とつながっています。しかし、ここではねらい・内容と共に協同性に直接つながる記述はありません。なぜなら、乳児期の子どもの発達は未分化であることから人と関わる土台づくりの時期と考えられるためです。また、未分化であるからこそ、保育の内容を領域に分類せず3つの視点でまとめられています。一日の園生活を通した愛情あふれる保育者の関わりの中で受容される安心感や、応答的な関わりの中で自ら人と関わろうとする意欲、そして、人への信頼感を育てていくのです。そのため、乳児保育に関わるねらい及び内容については、その全ての記述が協同性の育ちにつながると捉えられます。

　次に、1歳以上3歳未満児の保育に関わるねらい及び内容については、領域「人間関係」の中のねらい②「周囲の子ども等への興味や関心が高まり、関わりをもとうとする」と、それに関連する内容として内容③「身の周りに様々な人がいることに気付き、徐々に他の子どもと関わりをもって遊ぶ」、④「保育士等の仲立ちにより、他の子どもとの関わり方を少しずつ身につける」が挙げられています。乳児期の周りの人々への信頼感の育ちを踏まえ、さまざまな関心の広がりと共に、保育者や周りの子どもとの関わりを遊びの中で楽しんだり、喜んだり、時には悲しんだりするといった経験の幅が広がっていく時期といえます。

幼児期の終わりまでに育ってほしい姿（ウ）協同性

　友達と関わる中で、互いの思いや考えなどを共有し、共通の目的の実現に向けて、考えたり、工夫したり、協力したりし、充実感をもってやり遂げるようになる。

**3歳以上児**

イ　人間関係

　他の人々と親しみ、支え合って生活するために、自立心を育て、人と関わる力を養う。

（ア）ねらい

②身近な人と親しみ、関わりを深め、工夫したり、協力したりして一緒に活動する楽しさを味わい、愛情や信頼感をもつ。

（イ）内容

⑤友達と積極的に関わりながら喜びや悲しみを共感し合う。⑥自分の思ったことを相手に伝え、相手の思っていることに気付く。⑦友達のよさに気付き、一緒に活動する楽しさを味わう。⑧友達と楽しく活動する中で、共通の目的を見いだし、工夫したり、協力したりなどする。⑨よいことや悪いことがあることに気付き、考えながら行動する。⑩友達との関わりを深め、思いやりをもつ。

**1～3歳未満児**

イ　人間関係

　他の人々と親しみ、支え合って生活するために、自立心を育て、人と関わる力を養う。

（ア）ねらい

②周囲の子ども等への興味や関心が高まり、関わりをもとうとする。

（イ）内容

③身の周りに様々な人がいることに気付き、徐々に他の子どもと関わりをもって遊ぶ。④保育士等の仲立ちにより、他の子どもとの関わり方を少しずつ身につける。

**乳児期**

イ　身近な人と気持ちが通じ合う

　受容的・応答的な関わりの下で、何かを伝えようとする意欲や身近な大人との信頼関係を育て、人と関わる力の基盤を培う。

（ア）ねらい

①安心できる関係の下で、身近な人と共に過ごす喜びを感じる。

②体の動きや表情、発声等により、保育士等と気持ちを通わせようとする。

③身近な人と親しみ、関わりを深め、愛情や信頼感が芽生える。

（イ）内容

①子どもからの働きかけを踏まえた、応答的な触れ合いや言葉がけによって、欲求が満たされ、安定感をもって過ごす。②体の動きや表情、発声、喃語等を優しく受け止めてもらい、保育士等とのやり取りを楽しむ。③生活や遊びの中で、自分の身近な人の存在に気付き、親しみの気持ちを表す。④保育士等による語りかけや歌いかけ、発声や喃語等への応答を通じて、言葉の理解や発語の意欲が育つ。⑤温かく、受容的な関わりを通じて、自分を肯定する気持ちが芽生える。

●図3-1　保育所保育指針から捉える乳幼児期にかけて育つ協同性

　そして、友達と同じ時間に、同じ場所で、同じような遊びを楽しむ経験の積み重ねが、やがて幼児期の協同する遊びへとつながっていくともいえます。

　3歳以上児の保育に関わるねらい及び内容では、領域「人間関係」のねらい②「身近な人と親し

み、関わりを深め、工夫したり、協力したりして一緒に活動する楽しさを味わい、愛情や信頼感を
もつ」と、そのねらいにつながる内容として、内容⑤「友達と積極的に関わりながら喜びや悲しみ
を共感し合う」、⑥「自分の思ったことを相手に伝え、相手の思っていることに気付く」、⑦「友達
のよさに気付き、一緒に活動する楽しさを味わう」、⑧「友達と楽しく活動する中で、共通の目的
を見いだし、工夫したり、協力したりなどする」、⑨「よいことや悪いことがあることに気付き、
考えながら行動する」、⑩「友達との関わりを深め、思いやりをもつ」の6項目が挙げられていま
す。いずれも友達との関わりを積み重ねていく過程で経験し、身に付くことが望ましいとされてい
ます。

　しかし、協同性を身に付けていくためには、友達と「上手く」関わることではなく、相手に自分
の思いが伝わらないことによるはがゆさや、友達の思いとの行き違いによるいざこざを経験するこ
とも重要です。保育者は子どもだけでは解決できないいざこざを仲介や助言し、子どもが解決策を
見出していけるよう見守ります。そのような援助のもと、一人ひとりの子どもが友達と一緒に遊ぶ
ことは大変だと感じることがあっても、それでも友達と一緒に遊びたい、楽しい、と実感できる保
育をめざすことが子どもの協同性の育ちにつながることを忘れてはならないのです。

　なお、協同性を含んだ「幼児期に育てたい10の姿」は、どれも5歳児半ばで見られはじめると
されます。しかし、それらの姿は突然育ち、突然表われるのではなく、乳児期からの育ちとつな
がっています。協同性については、乳児期からの保育者への信頼感の育ち、その信頼感に基づいた
遊びを中心とした周りの子どもとの関わりの積み重ねの中で育っていくことを確認してきました。
積極的に友達と遊び、お互いの思いや考えに気づいたり、共有しようと伝え合ったり、ときには友
達に譲ったり、ぐっと我慢をすることもあるかもしれません。そして、次第に相談したり、話し
合ったりする機会が増え、共通の目的のために協力しようとします。そのような子どもの姿を、情
緒を支える温かな関わりと一人ひとりの子どもに相応しい環境の中で育むことが大切と考えられる
のです。

## ②乳児の姿と協同性の育ちとのつながり

事例1：保育者のところまで這い這い　11か月　6月初旬

　0歳児5名と保育者2名が保育室にいる。モエカちゃんは、おもちゃ
に向かってゆっくり這い這いで寄っていったり、周りの子どもの様子を
ゆっくりと見回したりしている。保育者がものをとりに事務机に行き椅
子に腰かけた。その様子を見ていたモエカちゃんは、4メートル先にい
る保育者に向かって先程までに比べて3倍くらいの速度で急いで這い這
いをしながら寄っていく。「ウダダダ...」と言いながら保育者の足元に
あった直径約1メートルのドーナツ型クッションにも這い上がって乗り
越える。そのモエカちゃんの姿に、「ここまで来たのー」と声をかける保育者の膝につかまり立ちを
して、モエカちゃんは保育者の顔を覗き込んだ。

　入園から2か月を過ぎたモエカちゃんの姿はすでに園生活になじんでいるようでもあり、また、お気に入りの保育者が存在する様子が伝わってきます。モエカちゃんは、普段から保育者が他の子どもを抱いていると、その様子が気になるかのように、「アー」と声を上げることもあります。事例1の場面のように保育者が一人でいるのを見つけた途端に這い寄っていく姿からも愛着関係が形成されていることを感じられます。そして、このような特定の保育者との愛着関係をもとにクラスの友達や他の保育者との関わりが広がっていくのです。

## ③ 1歳以上3歳未満児の姿と協同性の育ちとのつながり

事例2：美容室にいらっしゃい　1歳児　1月

　保育者が牛乳パックでできたドライヤーとボール紙の櫛を動かしながら、「いい感じになりました山田さん」とサヤちゃんに話しかける。保育者が、「ゴーーー」と言って髪を乾かすとサヤちゃんも振り返って保育者を見上げている。その様子を見たカンタくんも不織布のお客様用ケープを被り、アキオくんとアユミちゃんもボール紙の上からアルミ箔を巻いたハサミを握りしめている。保育者が、「ちょっとクリクリにします。今日はこれ、このヘアどうですか」とカールしたつけ毛のついた三角巾をサヤちゃんの頭に被せて、「これ、流行りですよ、どうですか、鏡を見てみて」と言いながらA3用紙サイズのアルミ箔でできたお手製の鏡を指差すと、サヤちゃんも笑顔を見せる。アキオくんも鏡をのぞき込み、サヤちゃんに、ここを見てと伝えるかのように鏡を指差す。サヤちゃんは立ち上がり満足そうに鏡を覗き込み、「どう、完璧ですか」という保育者の言葉に納得した表情を見せ、鏡に向かってウンウンと首を振った。その様子を見ていたアユミちゃんが、「次はアユちゃんがやる」と保育者の前にあるスポンジ

に座った。保育者が、「次はアユちゃんね、はい、いらっしゃいませ」とアユミちゃんにスモックを被せて、「次はどんな髪型にしましょうか？」と尋ねると、アキオくんが美容師になりきりアユミちゃんの髪を櫛で撫ぜながらハサミで切る真似をはじめた。その遊びの様子を見ていた他の子どもたちが、「モモもやるー」とハサミを持ち保育者のそばに寄ってきた。

　1歳児は、少しずつ保育者や友達とイメージを共有できるようになってきます。事例2のクラスにおいても4月から最も身近な生活場面をおままごとで表現して楽しむようになり、プラスチックのチェーンや切ったホースを食べ物に見立てて遊ぶなどの姿がみられました。そのような遊びを園でくり返すと同時に、子どもの家庭での生活経験も広がり、「髪を切る」という経験が1歳児クラス後半では多くの子どもに共有されやすい生活場面として、自己を発揮する表現が可能となってきます。もちろん、イメージを再現するには保育者の小道具をはじめとする環境構成が重要となります。さらに、保育者が美容室での散髪の一場面を再現することにより、子どもたちは美容師と客の

イメージをそれぞれが共有しやすい状況をつくっていることも事例から伝わってきます。

　なお、「次は○○の番ね」のようにごっこ遊びの中で約束事を自然と取り入れていく姿も1歳児でみられました。生まれてまだ1年から2年の子どもたちが、「友達と一緒は楽しい」と実感すること、そして、一緒に楽しむために自然と約束事に気づいたり、取り入れたりしていくこともこの後の幼児期の協同性の育ちにつながっているといえるでしょう。

事例3：ママに会いたい　2歳児　4月

　　園庭で2・3歳児クラスの子どもたちが遊んでいる。園庭の中央でユミちゃんが泣いていると、その様子を見つけた3歳児のケイコちゃんが何も言わずにユミちゃんを抱きしめた。園長先生がユミちゃんに、「どうしたの」と尋ねると、ユミちゃんは、「ママに会いたい」と泣きながら訴え、ケイコちゃんもその言葉を聞きながら、さらにユミちゃんを抱きしめ直した。園長先生が、「ケイコちゃん、ユミちゃんを慰めてくれているの」と尋ねるとケイコちゃんがうなずく。園長先生とケイコちゃんが話している内に、ユミちゃんの泣き声はいつの間にか止まっていた。

　2歳児クラスから入園したユミちゃんは、多くの子どもたちであふれている園庭で好きな遊びも見つからず、ふと不安になって母親のことを思い出し泣いていたと考えられます。このように、保育所や認定こども園では、園児の入園時期に差があり、一人ひとりに寄り添うことの重要さを改めて実感できます。3歳児のケイコちゃんは1歳児クラスから入園しており、自分より小さなユミちゃんの泣き顔を見てユミちゃんの気持に共感し、慰めようとしたようでした。ケイコちゃん自身もこれまでの経験の中で周りに支えられ、悲しい時に寄り添ってもらってきたからこそ、また、進級したてのケイコちゃん自身にも困った時にいつでも頼れる保育者がいるからこそ見られた姿ともいえます。このような経験の積み重ねの中で、人への共感、信頼感が育っていくのです。

## ④ 3歳以上児の姿と協同性の育ちとのつながり
事例4：ブロックケースが棚の中に入らない　3歳児　6月初旬

　　手の平サイズのソフトブロックが入ったケースをマイちゃんとカヨちゃん、ユリちゃんが3人で持ち上げて運んでいる。棚の最下段に入れようとした時にはタクミくんとヒカリちゃんも加わり、5人で頑張っている。しかし、ケースが棚の淵に引っかかってしまって上手く入らない。それに気づいたカヨちゃんがケースを少し高く持ち上げて入れようとするが、マイちゃんとユリちゃんはそのカヨちゃんの姿に気づかない。ヒカリちゃんが「まだあるよ」とケースの中でまだくっついているブロッ

クを解体しはじめると、マイちゃんも同じように一つずつ分けてケースに入れ直している。カヨちゃんは2人の様子を見つめている。ブロックを解体した頃、保育者が子どもたちのそばにやってきて、引っかかっているケースを少し持ち上げてくれた。最後まで片付けようとしていたマイちゃん、カヨちゃん、ヒカリちゃんの3人は引っかかりがとれたことに驚いたように目を合わせ、微笑んでケースを、「うんしょ」と棚に入れ込んだ。

　片付けることは、遊ぶことと同じように友達と一緒に協力したり、楽しんだりする機会といえます。体格が違いすぎると上手く運べなかったり、「せーの」、「よいしょ」、「わっしょい」といった掛け声の共通理解が必要だったりするため、心と身体の動きを合わせるという経験にもなっていきます。また、「片付ける」という共通の目的を果たすことにもつながり、少人数で同じ目的を達成する喜びを味わうきっかけともなります。事例4では、自分たちがなかなかできなかったことを保育者が少し手を貸しただけでできるようになってしまったことに一緒に驚き、喜ぶという経験を共有していました。また、3人は運ぶこと自体は仲良く楽しんでいました。しかし、カヨちゃんのように棚にケースを入れる際に棚に引っかかって入らない理由に気づいていてもなかなか言い出せなかったり、逆に、マイちゃんやヒカリちゃんのように、そのようなカヨちゃんの姿に全く気づかなかったりすることも保育の中ではよくみられる光景です。そのような光景に出会った際に、「こうしたらいい」とそれぞれの子どもが考えていることを保育者が代弁しながら、相手の思いに気づきやすくなるような援助も必要となってくるのです。

事例5：積み木で一緒に遊ぼう　4歳児　6月中旬

　雨天のため4歳児の2クラスの子どもたちが一つの保育室で遊んでいる。ヨウタくんは、保育室の片隅にある積木入れ前の床に座り込み、ドミノ倒しをしようと積木を並べている。他の子どもが足元のドミノに気づかず、倒してしまうことが2度続き、崩れるたびに、「アーーー」と倒してしまった子どもに対して声を上げている。その後、作る手を止めて、クラスの中の遊びを見渡している。一方、ミナトくんは、机の上で円柱や長方体、球体の積木を組み合わせ、大きな装置のようなものをつくっている。時折、周りの様子を見渡しては装置作りを再開している。しばらくして、ヨウタくんが黙々と装置を作り上げているミナトくんの姿を見つけ、積木をもってミナトくんの机までやってくると装置につながるようにドミノづくりを再開した。お互い黙々と遊んでいるが、装置の仕組みが完成するとミナトくんがヨウタくんに向かって片手を振って装置を見るよう笑顔でうながしたりしている。また、ミナトくんが球体を装置の上から転がした際に、ドミノが崩れてしまったが、2人は顔を見合わせて笑っている。他の子どもの肘が机に当たってしまってドミノが崩れた際にもヨウタくんは笑顔を見せていた。

　ヨウタくんとミナトくんは、普段から一人で黙々と集中して遊ぶ姿が多いそうです。それぞれしたい遊びがある中で、今回はヨウタくんのドミノが他の子どもに崩されて、したい遊びができない

状況から生じた遊びの共有場面でした。一人で遊んでいた時に崩されると怒っていたヨウタくんですが、ミナトくんと一緒に遊びはじめて遊びが安定し、崩す喜び自体が実感できるようになっていきました。二人から、「こうしよう」、「こうしたらどうか」、という会話はあまりありませんでしたが、一緒に遊ぶと楽しさが膨らんでいく、友達のよさにも気づいていく。そのような経験が今後、一緒にやりたい、一緒にやりとげたい、という思いにつながっていくといえるのです。

事例6：ブロックのお家作り　5歳児　7月中旬

　　2階建てのお家作りをしているトモヤくん、飛行機を作っているリョウくん、何を作ろうか考えているタツヤくん、長方形の緑色土台パーツにブロックを組み合わせているソウマくんがブロックケースのそばでそれぞれ遊びを楽しんでいる。トモヤくんが、「ここは扉にしよう」と言いながら家の2階部分を作り進めると、その様子を見たリョウくん、タツヤくんが順番に、「入れて」とお家作りに参加する。ソウマくんも自然と遊びに加わり、使っていた土台を駐車場に見立てて、家とつながるよう小さなブロックで柱を作っている。タツヤくんが「じゃあ花火はどこから上がる」と尋ねると、ソウマくんが、「花火は上のほうがいいんじゃない」と家の上部を指差す。それを見たトモヤくんが、「ちーがーうー、このブロックの上に屋根をのせる」とタツヤくんを遮ってさらに小さな屋根をのせると、タツヤくんも、「あっ、いいね」とトモヤくんの取り付けた屋根の上に煙突のような黒いパーツを取り付ける。リョウくんも、屋根が崩れないようしっかりとブロックを押さえて屋根が完成した。その二人の様子を見ていたトモヤくんが、「あれ、これ神社にしたら、神社みたいだ」と声をあげ、「パンパン」と言いながら柏手を打つ真似をする。タツヤくんはそのトモヤくんの姿を笑顔で見ながら、「じゃ寝る場所はどこにする」と今度は寝る場所を指で差して尋ねた。トモヤくんは、「寝る場所はここだよ、ここがいいと思うんだけど」と伝えると、ソウマくんが、「じゃあ僕タツヤと寝る」と答える。タツヤくんも、「じゃあソウマと寝る」と笑顔で寝る場所にブロックを置いて、ブロックのケースを覗き込んだ。しばらくして、ケイゴくんが、「入れて」と遊びに加わり、「ここ寝る場所、じゃあドアが要るな」と確認しながらドアを外して移動しようとすると、トモヤくんはドアを元の場所に寝かせて置こうとした。ケイゴくんが、「（ドアが）ないと泥棒が入ってきちゃうからドアから出られないってことにしよーよ」と提案すると、トモヤくんも少し考えてから、「いいよ」と答えドアの位置が変更になる。そこへ、「みんなライト、運転手もあるよ」とブロックで作った運転手付きの車をもってタツヤくんが戻ってくる。新しいドアの部分に到着した車を見たトモヤくん、ケイゴくん、タツヤくんが顔を見合わせて微笑んだ。

　トモヤくんに注目してみると、遊びはじめから屋根を付けるというイメージをもっていたため、タツヤくんに対して少しきつい口調で違うことを伝えていました。しかし、その言葉を聞き入れてくれたタツヤくんと、屋根を付ける際にしっかりと支えてくれたリョウくんの姿を見て、嬉しくなり、「神社みたい」と自分の描いた新しいイメージを発言しています。ドアの位置を考える際には、最初はケイゴくんの案を嫌がりましたが、「泥棒が入ってきたら」というケイゴくんの考えを知っ

て自分の気持ちに折り合いをつけていました。

　このように、自分の意見を受け入れてもらった経験は、次には友達の想いを尊重できる機会へとつながっていきます。その後、位置を変えたドアのところへタツヤくんが車を停めに来たことも、自分たちの選択の正しさへの実感となりました。友達に自分の考えを伝え、それを受け止めてもらう喜び、また、相手の想いと自分の想いとのすり合わせをして自己を抑制していくことが、友達との協同性の育ちへと結びついていきます。そして、仲間の中にいる自分というものを実感する機会となっていきます。

　また、家作りはトモヤくんがはじめた遊びですが、「じゃあ僕タツヤと寝る」と言ったソウマくんのように、遊ぶ中で自分たちが住むというイメージをもって理想の家を作っていました。自分のイメージから全員のイメージへの広がりは、互いの良さを認め合い、同じ目標に向かって取り組んでいける仲間意識の育ちにつながります。今回は、個々の遊びが短い時間の間に5人で構成されるグループとなりました。こうしたグループがいくつかクラスのなかで自然発生し、いつしか規模の大きなグループとなりクラス全体での協同性を育む活動へと展開されていきます。協同性というと、つい運動会のような大きな行事で力を合わせることが注目されやすいです。しかし、協同性を育むチャンスは日々の遊びの中に多くあるのです。気力、体力ともに育ってきた5歳児が、より多くの仲間と協同する楽しさを実感するには、遊び込める時間の保障や、安全の確保といった環境の構成も不可欠といえるでしょう。

　乳幼児期を通して育っていく協同性は、いずれ小学校以降の学びの場でも発揮されていきます。自分が相手に受け止められ、また、その受け止められる喜びを味わうことが、相手の思いに気づき、協同する経験へとつながることを忘れず、一回一回の子どもとの関わりを大切にしていくことが保育者に求められているといえるのです。

【参考文献】
厚生労働省編（2018）『保育所保育指針』フレーベル館

<事例観察協力>稲葉地こども園（名古屋市中村区）
　執筆にあたり事例観察の協力をしてくださった稲葉地こども園の園長奥村紀子先生、主幹保育教諭栢清美先生をはじめとする先生方、園児の皆さんに感謝の意を表します。

# 第4章
# 言葉を通じて深まる人間関係

## ① ある学生のレポートから①—挨拶が返ってこないのは不安？？

　私の勤務する保育者養成校では、2年間の養成課程一年目の4月から月に一度幼稚園の保育に入らせてもらっています。学生たちは、その都度自分の保育体験を振り返りながら、子どもの成長、クラスの成長を約一年間追っていくわけです。振り返りには、学生自身によるレポートが使われます。2018年の6月、学生のサツキさん（仮名）はこんなレポートを書いてきました。

---

＜6月8日＞

　子どもたちが登園し始め、私が靴箱の掃除をしていた時のことです。サクラちゃん（仮名／女児・年少）が登園してきたので「おはよう」と声をかけました。ですが、サクラちゃんは緊張したのか、挨拶を返してくれません。その後担任の先生が「おはよう」とサクラちゃんに声かけました。すると、サクラちゃんは元気よく「おはよう」と声を返したのです。授業で、子どもと保育者との間には信頼関係があり、実習生が保育者と同じように子どもと関わるのは難しいと習ったけど、そのことが少しわかった気がしました。その後私は、サクラちゃんにあまり話しかけることができなくなってしまいました。私の方が緊張してしまったからです。次、話しかけて返してくれなかったらどうしよう…そう思ってしまいました。今振り返ってみると、そんなネガティブな気持ちになるのではなく、サクラちゃんのことを気にかけて、たくさん話せば良かったと思います。（後略）

---

　実習と異なり、この保育体験で学生のレポートを読むのは私たち養成校の教員です。私はサツキさんの、このレポートを読みながら「挨拶を返してくれません」という箇所に引っかかりました。子どもは学生のために挨拶をしてあげているわけではない。「返してくれる」という表現は、「挨拶してくれたから、挨拶を返してあげよう」という、いかにも挨拶の押しつけ合いのような不自然さが、私には感じられるのです。

## ② ある学生のレポートから②—挨拶は何のために

　そこでサツキさんのレポートに、「あなたは子どもから挨拶が返ってこなかったことに戸惑っていますが、そもそも挨拶って何のためにするのでしょう？」というコメントを付してお返ししました。するとサツキさんは、翌7月のレポートに、こんなこと書いてきました。

---

＜7月6日＞

　前回のレポートのコメントで、小久保先生に「挨拶は何のためにするのですか？」と問われました。私は「サクラちゃんが挨拶を返してくれなかったので、次も話しかけてくれなかったらどうしよう…と思い、あまり話しかけることができなかった」と書いたのですが、確かに、挨拶は返してほしいか

---

らするものではないと思います。私は小さい頃から、挨拶することは大事だと思っていて、高校受験の面接の時にも「私はしっかり挨拶することを心がけています」と話しました。しかし面接官から「なぜ挨拶することは大事だと思いますか」と聞かれ、私は答えることができなかったのです。私は今回の保育体験で、幼稚園の先生が登園する子どもたちとその保護者に挨拶するのを見ていて気づいたことがあります。それは、挨拶をすることで子どもたちやその保護者との距離が、日に日に深まっているのではないかということです。私は、挨拶を返してくれなかったらどうしよう、という不安から、うまく話しかけることができなくなっていました。でも今回、思い切って朝登園してきたサクラちゃんに挨拶をしたら、ニコニコ笑って手を振ってくれました。私は前より距離が縮まった気がして嬉しくなりました。「挨拶を返してくれなかったどうしよう」なんて気にする必要はなかったのです。(後略)

　挨拶は人間関係の潤滑油みたいなものです。形骸化した挨拶や、「挨拶しなかった」というだけで関係がまずくなってしまうような挨拶なら、する意味はないと私は思います。幼稚園教育要領の第2章「ねらいと内容」(領域)の『言葉』の「内容(6)」にもあるように、「親しみをもって日常のあいさつをする」ことこそ肝要なのです。そして領域『人間関係』は「他の人々と親しみ、支え合って生活するために、自立心を育て、人とかかわる力を養う」領域です。『ねらい(2)』には「身近な人と親しみ、かかわりを深め、愛情や信頼感をもつ」とあります。こうした幼稚園教育要領等の記述からは、お互い親しみをもつことが、人間関係の深まりの第一歩だと言えます。

　ではサツキさんのように、挨拶することで距離が縮まった、深くなったと感じるのはなぜでしょう。その答えは、挨拶の本質、もっと言えば言葉の機能の本質にあります。

## ③「交換」という言葉の機能—なぜ挨拶が返ってこないと不安になるのか

　私がサツキさんのレポート読んでいて引っかかった「返してくれません」という箇所。ここに挨拶、ひいては言葉を通じてなぜ人間関係が深まっていくのか、距離が縮まっていくのかを考えるヒントが隠されています。

　サツキさんは、自分のする挨拶や関わりに対しサクラちゃんが「返してくれなかったらどうしよう」という不安に襲われています。これは挨拶を含め、言葉の機能の本質が"交換"にあるからです。思想家の内田樹さんは、仕事の目的は価値あるものを生み出すことではなく、仕事上で交わされるあらゆるコミュニケーションそのものだとして、次のように言っています。「やったことに対して、ポジティブなリアクションがあると、どんな労働も愉しくなります。人にとって一番つらいのは、自分の行いが何の評価も査定もされないことです。応答が返ってくるなら、人間は何でもやります。ピンポンだってテニスだって、ボールが行って返ってくるだけです。でも、相手がいるから愉しいんです」。

　内田さんの言う「自分の行いが何の評価も査定もされない」を、人間関係に置き換えると"無視"です。スマートフォンやタブレット端末などで利用できるアプリケーションの一つ、LINEにおけるやり取りでは、しばしば"既読無視"によって人間関係に亀裂が入ることがあるそうです(私はスマートフォン自体利用していないので、実情はまったくわかりませんが)。LINEを通じて

送られたメッセージを読んだ（既読）にもかかわらず返事が返ってこない、これが"既読無視"です。言葉の機能の本質が"交換"であり、それを愉しむためにLINEを利用しているのであれば、返事を返さないことによって人間関係に亀裂が入るのも理解できます。だって、そこではどんな内容の言葉が返ってきたかよりも、返ってきたかどうかこそが大事なことなのですから。

　その意味では、いじめにおける"無視"という行為は、人間関係における言葉の機能の本質を巧みに突いた、極めて悪質な仕打ちだと言えますね。

### ④言葉の"交換"から生まれる安心と信頼─人間関係の深まり

　言葉の機能の本質である"交換"が人間関係に安心と信頼を生む。そのプロセスを治療に有効活用しているのが、神経症患者のカウンセリングです。すなわち「私は今不安なんです」と話すと、相手が「あなたは今不安なんですね」と返す、というやり取りが治療に効果的だということです。これにより、カウンセラーとクライアントの間に信頼関係が構築できるというのが、治療効果の一つのようです。こうした＜繰り返し技法＞では、クライアントの言動を批判も判断もしないという安心感と、カウンセラーのていねいな傾聴によって、しだいに信頼を築けると言います。この技法を、言葉の機能の本質、"交換"に着目してみれば、自分が言葉を発すると、言葉が返ってくるという往還の中で、自分がその人との人間関係のうちに存在するということが実感される。そしてその自分の存在が承認され、必要とされていることがわかる。だからもっともっと言葉を"交換"したくなる。このプロセスによって、しだいに人間関係が深まっていくと考えられます。

　言語学者のロマーン・ヤーコブソンは著書『一般言語学』の中で、ドロシー・パーカー（Dorothy　Parker）が取り上げた＜新婚旅行に来た若夫婦の会話＞を採録しています。「さて」「ええ」「着いたよ」「着いたわねえ」「そうさ、やっと来たんだよ」「ええ」「うん、そうさ」というもので、この会話は情報の伝達ではありません。同じことを繰り返しているだけですが、言葉そのものの"交換"が、この夫婦の愉悦となっていることは想像できます。言葉の"交換"は、「私の言葉があなたに届いていますか？」というメッセージに対し、「あなたの言葉を一言も漏らさず聴いていますよ」というメッセージの返答なのです。だから、その返答がないと不安になる。でも、だからこそ返答があると嬉しいし、その分相手に親しみをもつのです。

　挨拶を返す、ということに関して、かくいう私も、授業の感想に学生からこんなコメントを書かれたことがあります。「とっても楽しい授業でした！　でも廊下で会った際、こちらを向いて返事してくれるともっと嬉しいです」。そのコメントを読んで次の日、その学生と廊下ですれ違った際、彼女に向かって私は満面の笑みで「こんにちは！」と挨拶しました。その学生は笑いながら「コメント読んでくれたんですね！」と、とても嬉しそうに返してくれました。笑顔で挨拶をするだけでなく、「コメントをしっかり読んだ」という事実も嬉しかったのでしょう。このエピソードは必ずしも言葉に限定されるものではありませんが、ここでも人が"交換"に愉悦を感じるということがおわかりのことと思います。

　以前、このたびの保育所保育指針改訂時の講演会で、ある大学の先生がこんな内容の話をされていたことを思い出しました。「僕は保育者が使う＜言葉がけ＞という言葉があまり好きじゃないん

ですよ。かけるのは＜声＞ですから。言葉は＜交わすもの＞ですよね」。言葉は交わすもの、すなわち "交換" です。言葉の機能の本質は、"交換" それ自体にあります。気持ちの伝達や情報の提供にあるのではありません。そしてその "交換" は楽しい。だからもっともっと言葉を "交換" したくなる。そうして、人間関係は深まっていくのです。

【ワーク】
① 「交換して楽しい」とあなたが感じる言葉について挙げてみましょう。
　　例「ありがとう」「どういたしまして」

|  |
| --- |
|  |
|  |
|  |

② ①について、あなたが「楽しい」と感じた場面を思い浮かべ、エピソードにまとめてみましょう。

|  |
| --- |
|  |
|  |
|  |
|  |
|  |
|  |
|  |
|  |

【参考文献】
内田樹（2007）「疲れすぎて眠れぬ夜のために」角川文庫．pp:81-82
ロマーン・ヤーコブソン（1973）川本重雄［監修］田村すゞ子・村崎恭子・長嶋善郎・中野直子［訳］「一般言語学」みすず書房．p.191
國分康孝［監修］（2001）「現代カウンセリング辞典」金子書房．

## 5 いざこざを乗り越える言葉の力と深まる人間関係

　「いざこざ」と聞くと、私たちはすぐに否定的なことと捉えて、何とか早くそれを解決してしまおうと考えてしまうことが多いのではないでしょうか。しかし、子どもたちは、一見否定的に見えるこの「いざこざ」を体験することで、人とのかかわり方を含めた多くのことを学んでいます。事例を読み解きながら一緒に考えていくことにしましょう。

【事例】「ごめんね」は言えないけど　4歳児
　保育室の絵本コーナーでユウタが絵本を読んでいました。そこへ日頃、ユウタと仲の良いシンジ

が「その絵本貸して？」とユウタに声をかけました。ユウタは「まだ読んでるからだめ」と断りました。「ねえ、さっきからずっと読んでるんだから貸してよ」とシンジ。「だめ」とユウタ。だんだんシンジとユウタのやりとりがエスカレートしてきました。そこへユイとカオリがかけつけてきて、「貸してって言ってるんだから貸してあげたら？」とユウタに言いました。それでもユウタは絵本を貸そうとはしません。とうとうシンジは言うことを聞いてくれないユウタを叩いてしましました。負けずにユウタもシンジを叩き返しました。ユイが「叩くのはダメだよ」、カオリも「叩くのは良くないよね」と2人に言いました。そこでちょうどお片づけの時間となりましたが2人のやりとりは収まりません。

> このような場面で、もしあなたが担任だったらどうしますか？

その後、担任のアミ先生も絵本コーナーにかけつけ、ユウタとシンジのそれぞれに「言いたいことがある？」と尋ねました。2人はずっと黙ったままです。その様子をユイとカオリもじっと見つめています。アミ先生「それじゃあ、どうすればいいかみんなで話し合ってみて！」と保育室の端に4人を移動させ、子どもたちだけで話し合わせることにしました。

> あなたは、子どもたちがどんな話し合いをすることができたと思いますか？

話し合いがはじまったころは、4人とも硬い表情をしてだまったままでしたが、途中から笑顔も見えはじめ、なんだか話し合いも良い方向に進んでいるようです。話し合いを終えた4人はニコニコしながらアミ先生のところへ来て、ユイが微笑みながら「話し合い終わったよ」と伝えに来ました。さっきまで怒っていたユウタとシンジの表情もにこやかでわだかまりもなくなっているようでした。アミ先生は4人に「どんな話になったの？」とたずねました。するとユイが「一緒に遊ぼうって言ったの」と明るく答えました。

＜この事例について考えてみましょう＞
①この事例の中で、ユイとカオリの存在がどのような効果をもたらしましたか？

②なぜ「一緒に遊ぼう」が4人を笑顔にしたのかを考えてみましょう。

＜事例を読み解く＞
　園生活の中で生じたいざこざを機に自分の思いを相手に伝えようとする子どもに対して、またその場に居合わせた子どもたちが一緒にいざこざの解決に向けて話し合えるよう援助する保育者の姿が見てとれます。保育者を含め大人は子どもたちに「ごめんなさい」「いいよ」と言い合うような

解決方法を求めてしまいがちです。しかし、いざこざは、子どもたちにとって人間関係の修復をも含めた経験の場であり、保育者の介入がなくても、子ども同士で向き合い、子どもなりの納得の仕方（この事例では「一緒に遊ぼう」）を導き出す可能性があることを常に意識しておくことが大切です。

　そして、改めて確認したいのは、保育者は、子どもたちの話し合いには介入していないという点です。保育者は、ユウタとシンジとの間で「いざこざ」が起きていることは認識しています。そこで、この2人に「言いたいことがある？」と尋ねています。それでもユイとカオリを加えた4人での話し合いには介入していません。つまり、保育者は今回いざこざを解決するための話し合いに「介入しない」という対応を選択したのです。この判断が子ども同士でいざこざを解決する経験を奪わなかったとも考えることができます。

## ⑥心動かされる体験が育む言葉と人間関係

　子どもは、園生活の中で心を動かされるような体験をした時に、それを誰かに言葉で伝えたくなるものです。自分の見たこと感じたことを子ども同士で伝え合うことを通して、人に伝える表現の仕方とともに人とのかかわり方も学んでいくのです。事例を読み解きながら一緒に考えていくことにしましょう。

【事例】グリンピース　4歳児

　F幼稚園の4歳児すみれ組の子どもたちは、パプリカやきゅうりなどいろいろな野菜を栽培しています。野菜のお世話をする中で、子どもたちはさまざまな野菜に興味がでてきました。そこで、「きゅうりは土の中にできる？　○か×か？」などといったクイズで子どもたちと遊びながら野菜について学んでいきました。ちょうどその頃、担任のクミ先生の家で育てているグリンピースが最盛期を迎えました。クミ先生は、そのグリンピースを子どもたち見せてあげようとすみれ組に持ってきました。すると、「グリンピース、かわいい」とグリンピースのさやから豆を取り出したり、転がしたり、「わー、皮がかたい」とさやの部分を触ってみたりとグリンピースにとても興味を抱いたようです。そこで、クミ先生はグリンピースを透明の容器に入れ、保育室にしばらく置いておくことにしました。それ以来、すみれ組の子どもたちは、朝、登園するとグリンピースに向かって「おはよう、グリンピースさん！」、帰るときには「さようなら、グリンピースさん！」と声をかけました。また、グリンピースのそばには、たくさんの子どもが集まり、何やらみんなで話しをしています。「このグリンピース、大きいね。○○ちゃんみたい」「このグリンピース、ほかのより緑色だね」などなど。これまであまり親しくなかった子ども同士の間でも自然と会話が生まれるようになりました。グリンピースを食べることが苦手だった子どもたちもグリンピースの前で「おかげでグリンピースを食べれるようになったよ！」「ぼくも食べれるようになった！」「ニンジンも食べれるようになった」と嬉しそうに報告し合っている姿も見られました。

＜この事例について考えてみましょう＞

①子どもたちはなぜグリンピースに興味を抱いたのか、子どもの気持ちになって考えてみましょう。

②この事例についてどのように思いますか。さまざまな視点からグループで考えてみましょう。

＜事例を読み解く＞

子どもの言葉で表現する力は、身近な環境や生活を通して、さまざまな事物と触れ合い、いろいろな発見や気づきを伴って高まっていきます。子どもの言葉の高まりには、その背後に多くの心を動かされる体験が存在することを保育者は絶えず意識することが重要です。心を動かされた体験を子どもと保育者で、あるいは子ども同士で伝え合いながら、次第にお互いの心を通わせることができるようになり、人間関係も深まっていくのです。

## 7 文字への興味と人間関係

子どもを取り巻く生活の中で、文字は身近な存在であり、文字へ関心が高まると、わかる文字を周囲に探したり、まねして使ってみようとするなど、自分の中に取り入れようとするようになります。その文字への興味が表現の幅を広げたり、人間関係の深まりへも影響を与えていきます。事例を読み解きながら一緒に考えていくことにしましょう。

【事例】スイカが見えてきた　5歳児

クラスの子どもたち全員で、新聞を折ったり、破ったり、丸めたりしながら何に見えるか、見立て遊びをしていました。子どもたちは、「ズボンに見える」、「サッカーボールに見える」と新聞紙を思い思いの物や形に見立てながら、友だちと自分の見立てた物について教え合いました。さらに、のりで新聞紙と新聞紙をつなげ合わせたり、新聞紙にクレヨンや絵具で色を塗ったらして、見立て遊びを発展させて楽しんでいました。しかし、ユウカだけは、「何にも見えない」と言って新聞紙を眺めたままです。ユウカはこれまで絵を描いたり、何かを作ったりすることは苦手で、どうやら見立て遊びも楽しめないでいるようです。

ところが、しばらくするとユウカは、「めとちがある！」と何か大発見でもしたかのように大声で叫びました。新聞のプロ野球に関する記事の「○○選手固め打ち！」という見出しに出てくる文字、「め」と「ち」に興味を持ったようです。それから、「『スイカのめいさんち』（子どもがよくうたう歌）に似てない？」と他の子どもたちに発見したことを知らせています。他の子どもたちも「ほんとだ」とうなずいています。最近よくクラスで「スイカのめいさんち」の歌をうたっていたので、その歌の題名や歌詞に出てくる「め」と「ち」の文字が新聞記事にも使われていることに気づいたのでした。その後、ユウカは、「あ、スイカが見えてきた！」と自分の手にしている新聞紙

にスイカの絵を描き出しました。また、その絵を他の子どもたちにも見せました。友だちから「わー、すごーい。かわいいスイカだね」「スイカのめいさんちだね」と認めてもらいとてもうれしそうにしています。そして、ユウカは、「スイカじゃないものも描いてみようかな」と言いました。

＜この事例について考えてみましょう＞
①ユウカは、なぜ「スイカじゃないものも描いてみようかな」と言ったと考えられますか？

②この事例についてどのように思いますか。さまざまな視点からグループで考えてみましょう。

＜事例を読み解く＞
　幼児期では、絵本の読み聞かせや歌（歌詞を文字にしたりして子どもたちに見せることを含む）を通して文字への興味や関心を持つ子どももいます。ちょうどユウカも文字への関心を抱きはじめたところだったようで、見立て遊びで使った新聞の文字と日頃うたっていた歌の題名に出てくる文字とを関連付けて、イメージを膨らませ、自分なりの表現、すなわちスイカを描くことへとつなげていきます。絵を描くことが苦手と感じていたユウカにとって、一生懸命描いたスイカを認めてくれた他児の言葉は何よりもうれしいものであり、自信になったのではないでしょうか。子どもたちは遊びや活動の中で、新たな発見を共有したり、一緒に共感したり、友だちに認められたりする体験を積み重ねながら、子ども同士の人間関係を深めていくと考えられます。

【参考文献】
太田光洋編著（2018）「保育内容・言葉」同文書院
岸井慶子・酒井真由子編著（2018）「コンパス保育内容人間関係」建帛社
厚生労働省（2018）「保育所保育指針解説書」フレーベル館
酒井幸子編著（2017）「保育内容　人間関係－あなたならどうしますか？－」萌文書林
文部科学省（2018）「幼稚園教育要領解説」フレーベル館

**コラム3**：被災地の子どもたちとの交流から

　東日本大震災で被災した幼稚園に、何度かボランティアに行きました。町は消え、荒れ地の埃と潮の香が混じった空気の中、M幼稚園は仮設の建物で保育を行なっていました。海からだいぶ離れた山間に建てられていました。

　その日は夏休み中で、学生たちは夏祭りを企画し準備を行ないました。「喜んでもらえるかな」「泣かれたらどうしよう」「急に行って人見知りされるかな」と行きのバスの中では不安だらけでした。幼稚園にバスが到着すると、子どもたちは見慣れないバスから降りてきた私たちに、「だれ？」「学校のおねえさん？」「せんせいーおねえさんたち来たー」と元気な声で出迎えてくれました。ほっとした瞬間でした。

　準備ができるとすぐに子どもたちは傍に寄ってきて、「お面が欲しい」「水ヨーヨーが欲しい」「ゲームしたい」と元気な声が聞かれ、そのうち「これどうやって作ったの？」「おねえさんと一緒にやりたいな」とお祭りの「物」よりお祭りをしてくれる「人」に興味をもつようになり、おねえさんと手を繋いで話し始めたり、自分の遊びに引っぱっていったり、かかわりを楽しむようになっていきました。

　その頃は「つなみごっこ」や「じしんごっこ」が子どもたちの中で行なわれることもあり、子どもたちの心の不安定さの表われも見られました。そのすべてを受け止め、かかわることで子どもたちの気持ちに寄り添おうとする学生たちの姿がありました。

　最後に子どもたちから、「ありがとう」とペンダントを貰いました。いろいろな辛いことがあっただろうに、「私たちが泣いちゃいけない」と思いながらも、嬉しさと子どもたちの優しさ、そして一生懸命前向きに生きる姿に心が打たれ涙が溢れました。被災地の子どもたちとかかわれたことが学生たちの宝物となりました。

**コラム4**：生き物が育む心のつながり

　実習生から、「子どもが虫や生き物を取ってくるとどうしていいかわからない」という声が聞かれます。皆さんはいかがですか？　一つだけ確かなのは、身近な環境の中で生き物とかかわることは、生命の尊さを学ぶ機会として、子どもの生活に必要な遊び・活動の一つであるということです。
　「せんせい、ミミズのたまりば、しってる？」「こっちだよ」と実習生の手を取って連れて行く子ども。でも実習生はミミズが苦手です。「ほら、ミミズのたまりば、みんなあつまっているでしょ」と得意げに話す先には 10 センチくらいのミミズが 5、6 匹いました。皆さんなら何と話しかけていくでしょうか？「気持ち悪い」「違うところで遊ぼう」と言いたくなるかもしれません。しかしそこで、「なぜ子どもが実習生をミミズのたまり場に連れていったのか」ちょっと立ち止まってその意味を考えてみましょう。

① 　ミミズは子どもの宝物
　　　子どもにとって大好きな生き物は宝物であり、発見した喜びや感動を伴うものです。「せんせいミミズきらい？」「すき？」と顔を覗いてくる子ども。生き物とのかかわりを通して貴重な体験をしている子どもに、保育者はどうかかわれば良いのか考えてみましょう。

② 　大好きなあなたに伝えたい気持ち
　　　ミミズを見つけた喜びを誰かに伝えたいと思ったときに、頭に浮かんだ人があなた（実習生）なら、それはとても嬉しいことです。伝えたい人はまさしく感動を共にしたいと選ばれた人だからです。あなたもその子に大好きな思いを伝えてみたら？

③ 　共感を深めてくれるミミズ
　　　ミミズは保育者が子どもの気持ちに寄り添い、共感を深めるためにとても大切な存在だと言えます。実習中に子どもとの関係性が深まったと感じられた事例、言葉かけを思い出してみましょう。

コラム5：描いたりつくったりは人間関係を育む土壌

　描いたりつくったりすることを造形活動といいます。お友達と並んで一緒に描いたり作ったり、みんなで同じテーマに取り組むことを通して、子どもは共感や葛藤を経験しています。写真1では、お友達の造形表現や活動に共感、感動し、学ぼうとしています。認め合う中で仲間を作り、信頼関係が築かれていきます。写真2は、他児との関わりを通して自分の思いが明確化した場面です。お友達が手伝おうとしたことで、一人でやり遂げたい思いに気づいたのです。写真3はいざこざ場面です。造形活動では道具や材料を用います。限りある道具や材料をみんなで使うにはルールが必要です。子どもによるルール作りは、他児の気持ちの感じ取りや読み取りを通して、自己調整能力を育む機会となります。

（写真1）
「そのサメ、かっこいいじゃん、ハサミで切るの、うまいよな」

（写真2）
「手伝うよ」
「大丈夫、一人でする」

（写真3）
「次はぼく」
「ちょっと待って」
「かわりばんこでしょ」
「あと一回だけ」

☆保育者が見守る「安心」と「存分」

　1歳3か月のしいちゃんは、円筒形に巻かれたビニール紐をつかんで引っ張っています。ビニール紐はどんどんほどけていきます。すると、しいちゃんは突然立ち止まって振り返り、ビニール紐の塊を真剣な表情でみています。どうやらその塊がしいちゃんの後をついてこないのが不思議なようです。先生はしいちゃんの思いを察し、見守り続けました。するとしいちゃんはビニール紐の塊をつかみ、自分で運び始めました。後にしいちゃんがおうちで引っ張り車で遊んでいる話をお母さんから聞いた先生はなるほどと思いました。

　子どもの表現、特に表現の芽生え部分は素朴です。子どもが「安心」して「存分」に表現できる場と時間があって、初めて子どもは自分なりの表現を達成できます。それはどこでもいつでも子どもの表現を温かく見守り続ける保育者と子どもの信頼関係の証です。

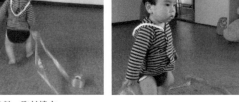

・資料・取材協力・
認定こども園　ふたばこども園

## 第5章
# 人間関係を通して育む「道徳性・規範意識の芽生え」とは

### ①乳幼児期における「道徳性・規範意識の芽生え」とは

　子どもの育ちについては、基本的な生活習慣や態度が身についていない、他者とのかかわりが苦手、自制心や耐性、規範意識が十分に育っていないなど、社会性の育ちに関する課題が昔から指摘されてきました。これらの課題の背景には、地域社会における人間関係の希薄化や都市化による遊び場環境の変化といった社会環境が影響しているといわれています。

　さて、2017 年には、幼稚園教育要領や保育所保育指針が改訂され、「幼児期の終わりまでに育ってほしい姿」（10 の姿）が提示されました。その中の 1 項目に、「道徳性・規範意識の芽生え」が取り上げられています。「道徳性・規範意識の芽生え」については、「友達とさまざまな体験を重ねる中で、してよいことや悪いことが分かり、自分の行動を振り返ったり、友達の気持ちに共感したりし、相手の立場に立って行動するようになる。また、きまりを守る必要性が分かり、自分の気持ちを調整し、友達と折り合いを付けながら、きまりをつくったり、守ったりするようになる」と述べられています。

　この「道徳性・規範意識の芽生え」ですが、1998 年の幼稚園教育要領・保育所保育指針の改訂の中で、領域「人間関係」に「道徳性の芽生え」が示された後、2008 年の改訂にて「規範意識の芽生え」が提示されたという経緯があります。別々に示されてきた「道徳性」と「規範意識」ですが、これらは重なり合う部分があるといえ、2017 年の改訂にて統合されました。領域「人間関係」の「道徳性・規範意識の芽生え」に関する項目では、以下のねらいと内容、内容の取扱いが設定されています。

---

◆ねらい
(3) 社会生活における望ましい習慣や態度を身に付ける。
◆内容
(9) よいことや悪いことがあることに気付き、考えながら行動する。
(10) 友達とのかかわりを深め、思いやりをもつ。
(11) 友達と楽しく生活する中できまりの大切さに気付き、守ろうとする。
(12) 共同の遊具や用具を大切にし、みんなで使う。
◆内容の取扱い
(4) 道徳性の芽生えを培うに当たっては、基本的な生活習慣の形成を図るとともに、幼児が他の幼児

---

とのかかわりの中で他人の存在に気付き、相手を尊重する気持ちをもって行動できるようにし、また、自然や身近な動植物に親しむことなどを通して豊かな心情が育つようにすること。特に、人に対する信頼感や思いやりの気持ちは、葛藤やつまずきをも体験し、それらを乗り越えることにより次第に芽生えてくることに配慮すること。

（5）集団の生活を通して、幼児が人とのかかわりを深め、規範意識の芽生えが培われることを考慮し、幼児が教師との信頼関係に支えられて自己を発揮する中で、互いに思いを主張し、折り合いを付ける体験をし、きまりの必要性などに気付き、自分の気持ちを調整する力が育つようにすること。

　園生活において、子どもたちは保育者や友達とのかかわりの中で、さまざまな葛藤体験を経て、行動の善悪の判断や他者を思いやる気持ち、自己を抑制する力、きまりを守る態度等を身に付けていきます。ここでは、道徳性・規範意識の芽生えについて、保育者として子どもの様子をどのように読み取り、どのように援助すべきかについて考えてみましょう。

## ② 道徳性の芽生えとは

　道徳性とは、簡単に言えば、他者のことを考えて思いやりをもった行動ができること、生き物を大切に育てたいと思える気持ち、して良いことと悪いことがわかることなど、そうしたことを判断して行動できる力のことです。

　たとえば、子どもがブランコに乗っていて、先生が「10、数えたら、交代しようね」と言ったとします。子どもは、「もっとブランコに乗って遊んでいたいな」と思っていても、次の人のことを考え、10回数えてから友達に交代し、また順番が回ってくるまで待とうとします。道徳性の芽生えとは、この順番を数えて次の人に交代しようとする行為や順番を待とうとする行為そのものだといえます。けれども、保育現場という集団生活の中で、子どもたちは、すんなりと先生の言うことを聞いて順番を待ったりすることができるでしょうか。答えは、ＮＯ！です。他者の気持ちに気が付いて、「友達は、こんな気持ちなのかな」と想像力を働かせるためには、まず、自分自身の葛藤する体験が必要になります。ブランコが楽しくて待っている友達に交代できずにいる時、友達がかなしそうな顔や怒った顔をしていることに気づいたり、自分の使っている玩具や道具を貸すことができず、友達を泣かせてしまったりと、そうした場面に出会うと、子どもながらにドキッとします。ドキッとして、「どうすればよかったかな」や泣いている友達を見て「何が悪かったかな」と思える葛藤の場面が、心の成長にとっての栄養になります。保育現場においては、保育者が子どもの葛藤場面を的確に捉え、援助していくことが求められます。ここでは、子どもの道徳性の芽生えを培ううえで、保育者としてどのように援助すべきかを考えてみましょう。

ブランコ

### （1）友達と遊びながら、子どもに学んでほしいこと

　保育現場では、多くの集団遊びを取り入れています。皆さんの幼少期を思い出してみてください。

椅子取りゲーム、フルーツバスケット、はないちもんめ、だるまさんがころんだ、おにごっこ、缶けり、ドッチボール等、たくさんのルールのある遊びを経験してきたと思います。たとえば、椅子取りゲームは、丸く囲んだ椅子の周りに子どもたちが並んで立って、音楽が流れると同時に椅子の周りを歩き始め、音楽が止まる瞬間に椅子に座るというルールがあります。上手く座ることのできた子どもは大喜び。けれども、座れなかった子どもは、違う場所に座って、ゲームを続けることはできません。その場面において、時には、座れなかったことに悔しくて泣いてしまう子どももいます。座れる・座れないという明確なルールが存在する中で、保育者としては、どのようなことを子どもたちに学ばせたいでしょうか。

　勝敗が明確になるルールのある遊びでは、子どもたちは遊びに夢中になるがあまり、勝つことにこだわりをもつ姿がよく見られます。けれども、勝者がおれば敗者がいる。座れなくて泣いている子どもに対し、保育者として「残念だったね。次は、座れるように音楽をよく聞いてね」と励ますこともあれば、もう一歩すすんで、「○○ちゃんたちが頑張っているよ、応援しよう」と他者を認めて他者を励ます力を培うこともできます。この他者を励ます力は、他者と協力して物事を解決する力の基礎になります。椅子取りゲームという集団遊びでは、個人の葛藤経験を味わわせるための良い機会となります。自分の席を確保できたという安心感や最後まで座ることができたという達成感、一方で座れなかったという悔しい気持ちを味わうこと、次はもっと集中して音楽を聴こうとする意欲を喚起させること、たとえ座れなかったとしても友達を応援しようと思える気持ちをもつこと、そうしたさまざまな心情・意欲・態度を育てることができます。

　次に、ドッチボールといった団体戦ではどうでしょうか。友達と協力をすることで、勝てる確率が高まる遊びです。ボールを投げることが得意な子ども、ボールを回避することが得意な子ども、さまざまです。友達の得意なことを知りながら、どうすれば勝てるのかを考える場面にもなります。つまり、友達を認め、役割分担を学ぶ機会にもつながります。けれども、「自分が投げたほうが、ボールを当てられる」という自信をもった子どもばかりが、ボールを投げる係りになったら、どうでしょうか。きっと、友達同士の中で、「なぜ、Aちゃんばかりがボールをもつの？ わたしもボールをなげたいのに！」と不満が生じることも出てくるでしょう。また、その場面において、保育者が「Aちゃん、ボールを投げるのが上手いね」と価値づけをしてしまうと、周りの子どもも同調し、Aちゃんがボールを投げる係りとして固定してしまうおそれがあります。そうなると、ボールを投げたいと思っている子どもの意欲を失わせ、結果としてチームとして機能しなくなることも起こり得ます。保育者としては、子ども同士が友達の得意なことを知り、認め合うことも大切にしながら、みんなと協力をして勝つにはどうすればよいだろうかということを子ども自身に考えさせる場面をつくる必要があります。では、以下のワークにて、考えてみましょう。

【ワーク】以下の問いについて、自分なりの考えを書いてみましょう。
①以下のルールのある集団遊びにおいて、子どもにどのような葛藤が芽生えるか、自分自身の体験もふまえて考えてみましょう。また、各集団遊びにて、どのようなトラブルが生じ、それに対して保育者として具体的にどのように援助したいかを考えてみましょう。

◆だるまさんがころんだ
【想定した子どもの葛藤】


【想定した子ども同士のトラブル】


【保育者としての援助・子どもに気付かせたいこと】



◆おにごっこ
【想定した子どもの葛藤】


【想定した子ども同士のトラブル】


【保育者としての援助・子どもに気付かせたいこと】



### （2）動植物を育て、命の大切さにふれること

　園では、たくさんの動植物を育てています。動植物を育てる過程において
は、必ずといってよいほどハプニングが訪れます。たとえば、大きくなりは
じめた小松菜が夜盗虫（ヨトウムシ）によって一夜にして全部食べられてし
まったり、ある日、園で大切に育てていたウサギが病気になってしまったり
などです。生き物を育てるという過程においては、予期せぬことが起こりま
すが、そうしたことに遭遇し、「なぜだろう」と考えられることは、子ども
の心の育ちを促す機会となります。

　ここでは、命と命がかかわる場面に遭遇した子どもの葛藤体験の事例を取
り上げます。事例の場面設定は、「カメはミミズが大好物である」というこ

カメを飼育する

とを小学生の兄から教えてもらったＹ介が、園庭にてミミズ探しを始めることから始まります。ミミズを見付けたＹ介が、意気揚々とカメに与えるのですが、それを見ていたＵ子は、「ミミズが食べられちゃうの？」と言います。その後、保育室にて、カメがミミズを食べたことが話題にのぼり、Ｙ介はカメがミミズを食べたことを得意げに話し、一方でＵ子は、「ミミズを食べるとカメはうれしいけど、ミミズはいやだよきっと」と言います。さて、以下は、命と命がかかわる場面に遭遇した子どもの葛藤を描いています。ここでは、保育者としてどのように子どもたちとかかわればよいか考えてみましょう。

【事例】「カメはうれしいけどミミズはいやだよきっと」（5歳児　6月）

保育室で飼っているカメに食べさせようとして、Ｙ介がミミズを探し始めた。カメがミミズをよく食べるということを小学生の兄に聞いたらしい。普段あまり見せたことがないような生き生きとした表情でミミズを探すＹ介を見て、教師は見守ることにした。

園舎の裏手でやっと見つけたミミズを手に、Ｙ介が意気揚々と戻ってくる。Ｄ太、Ｔ郎が近づいてくると、Ｙ介は「これはね、カメのごちそうなんだよ」と得意そうに話す。「カメが食べるの？」と興味をもち、みんなでカメの入ったたらいを取り囲む。Ｙ介がミミズをそっとたらいの中に入れる。みんなかたずを飲んでいる。（中略）その様子を見て更に数人の幼児がやってくる。Ｙ介は「しー。今、カメがごちそう食べるからね」と小声で言う。言われた幼児たちも、一緒にカメの様子を見始める。みんな一言も発せず、じっとカメの様子に見入っている。そのとき、一番後からきたＵ子が「あれ？ミミズが食べられちゃうの？」とつぶやく。（中略）Ｙ介たちは、それには気づかず、カメの動きを追っている。そのとき、突然カメが首を伸ばしミミズに食いついた。見る見るカメはミミズを飲み込んでいく。その迫力にみんなあっけに取られた。「すごい、食べた」Ｙ介は、興奮気味に隣のＤ太やＴ郎の顔を覗き込む。他の幼児も互いに顔を見合わせながら「本当に食べちゃった」「カメの首こんなに伸びた」「ひと飲みにしちゃった」と自分が見たことの驚きを伝え合っている。Ｙ介は、うれしそうに「先生見た？　やっぱり本当だった。お兄ちゃんの言ったとおりだった」と息を弾ませている。（中略）

教師は、少し離れたところにいるＵ子に近づく。Ｕ子と目が合った時「食べられちゃったね」というのが精一杯だった。するとＵ子は「カメ、よっぽどお腹がすいてたんだね」と言う。

その後、保育室に集まり、学級のみんなとこのことを話題にした。「今日、Ｙちゃんがミミズを探してねえ…」すると、Ｙ介は立ち上がり「あのね、カメがね…」と、事の始終を話し始める。日頃みんなに向かって発言することの少ないＹ介が、実に生き生きしている。他の幼児もじっとＹ介の話に聞き入っている。Ｙ介が話し終わると「すごい、また見てみたい」「ぼくもミミズ探してくる」と口々に話し始める。（中略）するとＵ子が「ミミズはさあ、食べられちゃったでしょ」と言う。この言葉にＹ介やＤ太、Ｔ郎は「おや？」という表情になる。「でもさあ、カメはミミズが好きなんだし…」とＹ介。するとＴ郎が「カメはミミズが大好物なんでしょ。でもミミズは食べられたくないと思うよ」「ミミズを食べるとカメはうれしいけど、ミミズはいやだよきっと」とＵ子。「でも、カメだってお腹がすいて死んじゃったらどうするの？」とＹ介。

出典：文部科学省（2001）『幼稚園における道徳性の芽生えを培うための事例集』ひかりのくに株式会社、pp.117-119より抜粋

【ワーク】以下の問いについて、自分なりの考えを書いてみましょう。
①U子やT郎の発言を聞いて、Y介の様子から読みとれることは何でしょうか。


②この場面において、保育者として、どのように援助をするか考えてみましょう。


## ③ 規範意識の芽生えとは

　規範意識とは、社会で生きていくための基本的な生活習慣を身に付けることや、集団生活を営むうえで、みんなが気持ちよく生活するために必要となるきまりを守ろうとすることです。子どもにとっての園生活は、家庭生活から離れたはじめての集団生活を営む場であり、保育者や友達とのかかわりを通して、少しずつ園生活の流れやきまりに気が付いたり、友達と楽しく遊ぶためのルールの必要性を学んでいきます。

　たとえば、子どもが家庭内で過ごしていた頃、自分の周りにある玩具や道具は自分だけのものでしたし、誰かに貸してあげたり、使う順番を待ったりすることはありませんでした。しかし、園生活では、玩具や道具は、みんなで使う大事なものであり、貸し借りも頻繁に行なわれます。また、各園では朝の会や学級活動、帰りの会といったプログラムが実施されているため、自分がしている遊びを途中で終わらせ、遊んだ後は、片付けをしたり、手洗い・うがい、トイレに行くなどの生活習慣を身に付けるためのきまりがあります。規範意識の芽生えとは、たとえば「もっと遊びたい！」と思っていても、自分の気持ちが受け入れられる場合もあれば、そうでない場合もあり、その揺らぎの中で、自分の気持ちをコントロールしたり、周囲のことを考えて行動しようと気づきはじめることです。ここでは、子どもの規範意識を育てるうえで、保育者としてどのように援助すべきかを考えてみましょう。

片付けをする

### （1）園生活のきまりを知り、守ろうとすること

　園生活は、基本的な生活習慣を身に付けることをはじめとして、みんなが気持ちよく過ごすためのさまざまなきまり事、ルールがあります。基本的な生活習慣とは、遊んだ後には、片付けをすること、手洗い・うがいをして衛生を心掛けること、ご飯を食べた後には歯磨きをすることなどです。トイレに行ったら、スリッパを揃えるという行為も生活習慣です。また、集団生活では、友達との気持ちと気持ちのぶつかり合いは必ずといってよいほど起こります。その際、自分の気持ちを押し通すことだけでなく、相手の気持ちを考えてみることに気づく心を育てる必要があります。大人でも、葛藤のある場面では、「ありがとう」「ごめんなさい」と素直に言葉に出して表現することは難

しいものです。自分の気持ちに折り合いをつけ、みんなが気持ちよく過ごせるためのきまり事やルールに気づくことは、これからの社会生活を営むうえでも、生涯にわたって必要となるスキルとなります。

　ここでは、1日の園生活の流れを大まかに紹介しますので、基本的な生活習慣や友達との集団生活をするうえでのきまり事やルールについて考えてみましょう。

【事例】A幼稚園の園生活の1日の流れ

| 時間 | 活動内容 |
|---|---|
| 【登園】<br>8：30<br>〜<br>9：00 | 朝、登園したら、子どもたちはお帳面を開いて今日の日付のところに判子を押したり、シールを貼ったり、自分の持ち物をロッカーに片付けます。その日の活動に応じて、体操服に着替えたりもします。持ち物の片付けや着替えが終わった後、自分の好きな遊びをして楽しく過ごします。 |
| 【自由遊び】<br>9：00<br>〜<br>10：00 | 園庭では、砂場で大きな山や川を創る子どもがいたり、遊具で遊ぶ子ども、おにごっこをして走り回って遊ぶ子ども、室内では、家族ごっこを楽しむ様子が見られたり、画用紙や折り紙を使って製作に夢中になっている子どもがいるなど、さまざまです。友達と遊ぶ中では、気持ちと気持ちのぶつかり合いはよくあります。自分は「こうしたいのに！」と思っていることが実現できない場面もたくさん起こります。 |
| 【朝の会】<br>10：00<br>〜<br>10：30 | 遊びの後は、片付けをする必要があります。自分の使っていた玩具や道具を片付けるだけではなく、友達が使っていたものも協力して片付ける必要も出てくるでしょう。片付けを自分から積極的にする子ども、まだ遊びたい！となかなか片付けられない子どももいます。片付けの時間が終わると、朝の会がはじまる前に、子どもたちは、手洗いやうがい、トイレに行きます。 |
| 【設定保育】<br>10：30<br>〜<br>12：00 | 朝の会では、みんなで歌を歌ったり、花の水やりや育てている生き物の世話といった当番活動をしたり、保育者が今日の予定について子どもたちに話をし、一日の生活の流れの見通しを立たせます。保育者による保育活動では、運動遊びや製作遊びなどが行なわれるため、活動には枠組みがあります。つまり、自分の好きな遊びをして好きなように過ごすのではなく、子どもたちは、みんなで活動をするといった集団で動くという体験をします。 |
| 【食事】<br>12：00<br>〜<br>13：00 | お昼ごはんの時間です。みんなで一緒に給食やお弁当を食べます。子どもたちは、手洗いやトイレに行き、自分の机にランチマットをひいて、食事の準備をしはじめます。当番活動の係りになっている子どもは、みんなのコップにお茶を入れて回ったり、保育者とともに「いただきます」の号令をかけます。食事場面では、何でもよく食べる子ども、ごはんを食べながら話に夢中になっている子ども、好き嫌いがあり偏食気味の子どもがいます。食べ終わったら、歯磨きをし、帰るまでの時間、好きな遊びをして過ごします。 |
| 【降園】<br>13：00<br>〜<br>14：00 | 帰りの会がはじまる前に、子どもたちは、お手拭きタオルやコップ、歯ブラシを片付けたり、体操服から園の制服に着替えて帰る準備をします。帰りの会では、絵本の読み聞かせがあったり、一日の遊びの振り返り、保護者宛てのお手紙をかばんに片付ける子どもの姿があります。また、保育者が明日の話をし、子どもたちが元気よく登園できるように期待をもたせます。帰る準備をしたかばんを持って、お迎えがくるのを心待ちにする子どもの姿があります。 |

【ワーク】以下の問いについて、自分なりの考えを書いてみましょう。
①園生活の流れにおいて、基本的な生活習慣とは、どのようなものか取り上げてみましょう。

②遊んだ後、片付けをせずに自分の遊びに夢中になっている子どもがいます。その際、保育者として、どのように援助をするか考えてみましょう。

③子ども同士のけんかのトラブルを自分で想定し、保育者として、どのように援助をするか考えてみましょう。

## （2）共同で使うという意識を育むこと

　園には、たくさんの園具や遊具があります。園具とは、子どもの教育上に必要なものであり、たとえば、子どもたちが遊びに使う画用紙や折り紙といったものの他、椅子や机、くつ箱、ロッカーなどの用具も含まれます。遊具とは、ブランコや砂場、すべり台、ジャングルジムなどのことです。これらの園具や遊具は、集団生活を営むうえで、みんなが使うものであり、自分だけのものではありません。

　園生活の中では、遊びに夢中になってしまい、自分の使っているものを友達に貸すことができずにトラブルになるといった場面はよく起こります。しかし、それだけではありません。みんなのものという意識や、大切に扱おうと思う気持ちとは、どのような場面で育まれるのでしょうか。ここでは、「こんな小さな紙だったら、捨てても罰当たらんよな」という事例から、考えてみたいと思います。

　事例の場面では、5歳児のクラスにおいて、絵本作りが流行しており、画用紙を顔の形に切り揃えて数枚綴じ、めくるたびに違う表情が楽しめる絵本や、めくる毎にしりとり遊びになっている絵本など、いろいろなアイデア絵本を作って楽しんでいるという子どもの活動があります。絵本を創る際、紙の切り残しがたくさん出てきました。子どもからは、まだ使えそうな切り残しの紙を見て、「もったいない」という言葉も聞かれますが、「こんな小さな紙だったら、捨てても罰当たらんよな」という言葉も聞かれます。紙1枚でも、みんなで使っている園具です。保育者として、どのように援助すればよいか考えてみましょう。

紙を切って遊ぶ子ども

【事例】「こんな小さな紙だったら、捨てても罰当たらんよな」

　　絵本の１枚１枚を切り紙で表現していると、切り残しの紙がたくさんできます。その内に切り残しの紙が、用意していた箱から溢れ出るほど一杯になりました。その中にはいろいろな大きさの同じ色の紙がたくさん入っていました。中には、黒色の八つ切り画用紙の真ん中を、あめ玉の大きさに切り抜いただけのものもありました。おそらく、目にするために切り抜いたのでしょう。その紙を見たUちゃんが、「もったいない」と言い出したので、「もったいない」ということについて話し合うことにしました。あめ玉程のものを切り抜くときにはどの位の大きさの紙を使ったら「もったいなくないか」について話し合い、子どもたちから出た意見を元に実際に切って見せました。「じゃあ、目玉の大きさの紙も捨てたらダメだよね」と言う子どももおり、みんなで納得し合いました。

　　ところが、たくさんの切り残しの中から必要な色と大きさの紙を選ぶのは子どもたちには大変です。箱の中を探している内に紙が散乱することもありました。（中略）

　　片づけるとき、指でつまんだ小さな紙片を、「これは捨てようかなあ」と迷う子どもの姿もありました。「まだ使えるよね」、「もったいない！」という言葉もたくさん聞かれます。自分では決められない子どもは、「こんな小さな紙だったら捨てても罰当たらんよな」と保育者に確認にしにきました。
（中略）

出典：中道美鶴（2019）「第3節2．ものを大切に扱うこととは」岡野聡子編『子どもの生活理解と環境づくり［改訂版］』ふくろう出版、p.134 より抜粋

① 　たくさんの切り残しの紙の中から、必要な色と大きさの紙を選ぶことは大変です。さて、保育者として、どのように援助をすれば、子どもたちは気持ちよく活動をし、大切に使うことを学ぶことができるでしょうか。

②保育者として「もったいない」という線引きをどのようにするか、考えてみましょう。

【参考文献】
中道美鶴（2019）「第3節2.ものを大切に扱うこととは」岡野聡子編『子どもの生活理解と環境づくり［改訂版］』ふくろう出版、p.134
文部科学省（2001）『幼稚園における道徳性の芽生えを培うための事例集』ひかりのくに株式会社、pp.72-74、81-83、87-89、117-119
文部科学省（2005）「子どもを取り巻く環境の変化を踏まえた今後の幼児教育の在り方について（答申）」http://www.mext.go.jp/b_menu/shingi/chukyo/chukyo0/toushin/05013102.htm（2019/2/27）

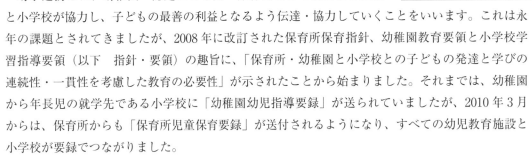

# 第6章
# 幼小連携と人間関係

## ①幼小連携

　幼小連携とは、幼稚園・認定こども園・保育園などの幼児教育施設と小学校が協力し、子どもの最善の利益となるよう伝達・協力していくことをいいます。これは永年の課題とされてきましたが、2008年に改訂された保育所保育指針、幼稚園教育要領と小学校学習指導要領（以下　指針・要領）の趣旨に、「保育所・幼稚園と小学校との子どもの発達と学びの連続性・一貫性を考慮した教育の必要性」が示されたことから始まりました。それまでは、幼稚園から年長児の就学先である小学校に「幼稚園幼児指導要録」が送られていましたが、2010年3月からは、保育所からも「保育所児童保育要録」が送付されるようになり、すべての幼児教育施設と小学校が要録でつながりました。

　しかし、実際には要録の情報だけでは不十分なところもあり、指針・要領には「指導計画の作成に当たっての留意事項等において、子ども同士の交流や保育士・幼稚園教諭と小学校教諭との情報共有、合同研究などに配慮すること」が示され、幼児と児童の交流活動や保育者・教師同士の意見交換等の連携活動が積極的に行なわれるようになりました。その後、「幼児期の教育と児童期の教育がスムーズに接続し、体系的な教育が組織的に行われることが重要である」とする文部科学省の報告書を受けて、各自治体は接続期カリキュラムの編成と実施に取り組み始めました。

　こうした取り組みの段階的進展は、図6-1のようなイメージになります。第1段階の「要録の繋がり」から、第2段階の「子どもおよび保育者・教師同士の交流」、第三段階の「接続期カリキュラムの編成と実施」を経て、現在では第4段階として、ここまでの取り組みを発展させるための「連携の充実」が求められています。

●図6-1　幼保小連携の段階イメージ（筆者作成）

　では、なぜ幼小連携が重要視されているのでしょうか。なぜなら、子どもの成長は連続的であり、就学前と小学校入学後の教育は連続しなければならないものだからです。OECD（2017）が、「異なる施設間を移動する移行期が、乳幼児期の子どもたちにとって重要である」としているように、幼児教育から小学校教育への接続期をいかに乗り越えるかは、その後の子どもの発達に大きな影響を及ぼす可能性があります。また、教育基本法第六条の2にも、「前項の学校においては、教育の

目標が達成されるよう、教育を受ける者の心身の発達に応じて、体系的な教育が組織的に行われなければならない」と示されています。

　しかしながら、小学校へのスムーズな接続については、依然として多くの課題が残されています。遊びを中心とした幼児教育と、時間割に基づく教科学習を中心とした小学校教育にはさまざまな違いがあり、小学校に入学した子どもたちはこうした違いに戸惑うことが多く、それにより不適応を起こすことがあります。

　表6-1は幼児教育と小学校教育の差異を具体的に表わしたものです。小学校以降の発達と学びを豊かなものにするためにも、これらの違いを踏まえたうえでの幼保小連携が求められています。

●表6-1　幼児教育と小学校教育の差異（寺田2013を参考に筆者作成）

|  | 幼児教育 | 小学校教育 |
|---|---|---|
| 生きる力 | 生きる力の基礎を身に付ける | 生きる力を育む |
| 指導方法 | 生活や遊びを通して総合的に | 授業 |
| 領域と教科 | 5領域 | 細分化された教科 |
| 個と集団 | 個の重視 | 集団の一員 |
| 時間 | 緩やかな区切りの中の保育 | 時間割 |
| 学習空間 | 園全体が学びの空間 | 教室・個人の机と椅子 |

## ②「小１プロブレム」という現象

　みなさんは、小１プロブレムという言葉を聞いたことがあるでしょうか。近年、全国の小学校で、小学１年生の入学直後に子どもが不適応を起こし、授業中立ち歩いたり、話を聞かなかったり、落ち着きがないなど授業が成立しない状況が数か月続くことをいいます。

　小１プロブレムが問題となり始めたのは、2000年代初めに小学校における学級の荒れが問題とされる中、小学校１年生の学級においても、それまでには見られなかった荒れが出現したと指摘されてからです。当時この現象は、幼児教育と小学校教育との連携性に問題があるとされてきました。その後約20年の間に小１プロブレムに対するさまざまな取り組みがなされ、それによって幼児教育と小学校教育の歩み寄りが見られるようになったにもかかわらず、小１プロブレムは現在も発生しています。このことから、近年では小１プロブレムの原因が幼児教育と小学校教育の差によるものだけではなく、その差に対する児童の適応力の低下にも原因があると考えられるようになってきました。

　ここで、小１プロブレムが発生する原因について詳しく見てみましょう。

### （1）幼児教育と小学校教育の違い

　幼児教育と小学校教育はどこが違うのでしょう。１つは、時間の使い方が違うということです。幼児教育においては、午前中の活動、昼食、午後の活動など大枠の中で自由度の高い内容を柔軟に取り入れた活動が中心になります。一方、小学校教育においては、朝のホームルームから始まり、その後は短い休み時間をはさんではいますが、45分の授業が規則正しくおこなわれます。２つ目は、

活動の中心が遊びから勉強へと変わるということです。幼児教育では遊びや生活を通して総合的に学びますが、小学校に入学すると教科書が配布され、その内容を学ばなければなりません。そのうえ、宿題を課せられることもあります。

　この違いが大きな段差となって子どもの小学校への適応を困難にしてしてしまうことがあるのです。そして、その段差を乗り越えることにストレスが生じ、小1プロブレムという現象としてあらわれてくると考えられます。図6-2は、その段差と子どもの様子をイメージしたものです。子どもは、段差が大きすぎてなかなか登れず、大きなストレスを感じます。

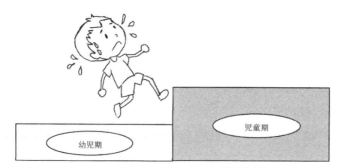

●図6-2　幼児期と児童期の段差（筆者作成）

### （2）子どもの適応力の低下

　子どもは、人とのかかわりを家族から地域社会へと広げていきます。しかし近年、核家族化や少子化が進み、家族の数が減少しています。祖父母や兄弟・姉妹が少ないということは、家族間での葛藤体験や学びが少ないということです。日常生活の中で年長者を敬まったり、年少者をいたわったりする機会や、協力して行動するという機会も少なくなります。また、共働き世帯が増加し、家庭での十分なしつけがなされなくなったという指摘もあります。

　地域社会においては、異年齢の子ども同士が集団を作って遊ぶ場所や機会が失われています。かつてのように、地域の公園などで元気に遊ぶ子どもたちの姿は見えなくなってしまいました。地域の大人が子どもたちを叱るということも少なくなりました。

　その結果、現代の子どもたちは、大人からのしつけや兄弟・姉妹あるいは子ども同士の葛藤をあまり経験しないまま育つことになります。人とのかかわりが少ない中で社会性を身に付けることは大変難しいことです。それが、適応力の低下を引き起こし、小1プロブレムという現象としてあらわれていると考えられます。

### ③ 幼小接続期カリキュラム

　幼児の発達や学びの連続性を保障し、小1プロブレムを予防するために、年長児の後半（アプローチ期）には、「アプローチカリキュラム」、小学校1年生の初期（スタート期）には「スタートカリキュラム」を導入する必要性が指摘されるようになりました。2018年に改訂された小学校学習指導要領においては、小学校1年生の最初にスタートカリキュラムを実施することが義務付けら

れました。このことから、幼児教育を引き継ぎながら小学校教育を始めていくという教育課程（幼小接続期カリキュラム）が明確になりました。

図6-3で示すように、アプローチカリキュラムでは、「幼児期の終わりまでに育ってほしい10の姿」を意識しながら、計画することが大切です。また、スタートカリキュラムの内容は、子どもたちがこの10の姿を発揮し、徐々に小学校の生活や授業に慣れていくよう導くことが望ましいとされています。

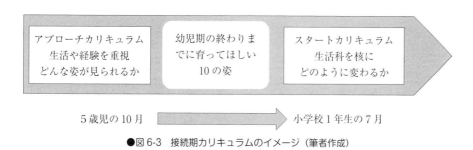

●図6-3　接続期カリキュラムのイメージ（筆者作成）

ここでは、それぞれのカリキュラムについて、「人とかかわる力」の獲得に主眼をおいて、具体的に見ていきます。

## （1）アプローチカリキュラム

アプローチカリキュラムとは、幼児期における遊びの中の学びが、小学校の学習や生活に生かされるよう工夫された、年長児後半に設定される教育課程のことです。年長児が自発的、意欲的に活動できるような環境を構成し、主体的な活動や子ども相互のかかわりを大切にすることで、小学校以降の学びの芽生えを作れるよう指導計画を作成し、それに沿った保育を展開します。

接続期に育てたい力の1つに「人とかかわる力」があります。それは、豊かな人間性、社会性を育むうえで大切な望ましい習慣や態度および能力であり、自分の気持ちや考えを相手に言葉で伝えたり、相手の気持ちや考えを受け止めたりして、人間関係を築いていく力です。

幼児期においては、集団の生活を通して、人を信頼する気持ち、他者への思いやり、ルールを守ろうとする気持ちを育んでいきます。また、友だちと共通の目的をもって取り組む協同的な学びの活動を通して、自らすすんで行動する力を育てるとともに、友だちと積極的にかかわりながら喜びや悲しみを共感し合うことや、友だちのよさに気づき、一緒に活動する楽しさを味わう体験を大切にします。その中で、他の幼児と試行錯誤しながら活動を展開する楽しさや、共通の目的が実現する喜びを味わうことができるようにすることが大切です。

## （2）スタートカリキュラム

スタートカリキュラムとは、小学校に入学した児童が、小学校の生活や教科学習にスムーズに適応していくことをめざして編成された、入学初期に設定される教育課程のことです。児童主体の活動時間を確保し、活動的な学習内容を取り入れるとともに、目標を「楽しむ」「慣れる」「親しむ」

などにして、個の内面の育ちを大切にすることで、自覚的な学びへと導いていけるよう指導計画を作成し、それに沿った教育を展開します。

　子どもが新たな人間関係を築き、学級集団を形成していくためには、幼児教育の場で身に付けた力を教師が理解し、それを伸ばす必要があります。子どもは協同的な遊びや体験を通して、さまざまな力を身に付けています。スタートカリキュラムでは、子どもがその力を発揮して、集団での遊びや学級での活動の中で、友達と一緒に活動する楽しさや、共通の目的に向かって協力したり努力したりすることの大切さを感じることができるようにします。同時に、集団で活動するためのルールについて考えたり、話し合ったりする機会をつくり、子どもが納得して受け入れられるようにします。このように早い段階において協同の遊びや活動に取り組むことで、子ども一人ひとりが集団の一員としての自覚をもち、秩序ある学級集団を形成することにつながります。

　図6-4は、接続期のカリキュラムによって作られた階段と子どもの様子をイメージしたものです。接続期カリキュラムが段差を小さくしたことで、子どもがスムーズに階段を上れるようになっています。これらのカリキュラムの接続によって、子どもは小学校生活への適応力、人とかかわる力、学ぶ意欲を身に付けていくことができると考えられています。

●図6-4　接続期カリキュラムによって作られた階段（筆者作成）

## ④幼小連携に関する取り組み

　接続期カリキュラムの他にも幼小連携に関するいくつかの取り組みがあります。ここではそれらについて具体的に見てみましょう。

### （1）子ども同士の交流

　子ども同士の交流には、小学校の生活科の授業や、社会科の授業を活かしての交流、園児を小学校の運動会や発表会などへ招待しての交流などがあります。子ども同士の交流活動は、双方に学びのある、ともに主体として活動できる内容でなくてはいけません。

　園児と児童が交流することで、園児が小学校の雰囲気に触れ、児童や先生と顔見知りになることで小学校への不安が軽減し、期待をもって小学校に入学することができるようになります。また、児童にとっては、園児に頼られる経験から自信につながり、小さな子どもにやさしく接することが

できるようになります。

### （2）保育者・教師同士の交流

保育者・教師同士の交流には、合同研究会、情報交換会などともに学ぶ機会や、授業や保育への参観をする場合もあります。また、人事交流や長期研修として、幼児教育施設と小学校相互の職場体験を実施している自治体もあります。

幼小の保育者・教師が交流の機会を持つことは、保育者・教師としての資質向上にもつながり、より良い人間関係の構築や組織力の向上にもつながると考えられます。また、保育者・教師同士が顔なじみになり気軽に話ができるようになることで、子ども同士の交流も深まることが期待できます。

### （3）保護者への働きかけ

保護者に対して、接続期における子どもの様子を知らせることは、小学校入学に際しての不安を軽減させることにつながります。多くの幼児教育施設では、小学校入学を控えた園児を持つ保護者を対象にして、小学校入学に必要なものや心構えなどについて説明会を開催しています。また、小学校では、親子1日体験入学や授業参観などを実施し、保護者が小学校を訪れる機会を作っています。

子どもは保護者との温かなかかわりの中で情緒が安定します。接続期は特に子どもが大きなストレスを感じることがあるので、家庭では子どもと関わる時間を多くとり、子どもの話をじっくりと聞くことの大切さを伝える必要があります。また、子どもが小学校に入学した際に、戸惑うことがないよう家庭で身に付けてほしいことなどを改めて伝えておくことも必要です。具体的には、規則正しい生活リズムを身に付ける、自分のことは自分でする、返事や挨拶をする、ルールや約束を守るなどです。

## ⑤接続期の人間関係作り

みなさんは、「しょうがっこうがだいすき」という絵本を読んだことがあるでしょうか。これは、小学2年生の先輩が接続期の園児・児童に向けたアドバイスを綴った絵本です。

小学生になるまでに、「大きな声で返事ができるようになっておこう」、「人の話を聞けるようになろう」とアドバイスしています。また、小学生になったら、「勇気を出して、お友だちに声をかけてみよう」、「遊ぶときは、友だちを誘ってあげよう」、「お父さんお母さんに、学校の話をしよう」、「みんなの話を聞こう」とアドバイスしています。

これらのアドバイスは、どれも人とかかわるときに必要とされる力です。自分の気持ちを伝え、相手の意見を聞くことで友だちとつながる喜びが生まれ、友だちと一緒に遊んだり、同じ目標に向かって協力したりすることで、共にいる喜びが生まれます。幼児期からこれらの力を身に付けることは、小学校以降の学びの基礎を形成するうえで大切なことです。

図6-5は、ベネッセが2012年におこなった「幼児期から小学1年生の家庭教育調査」の結果の

1つを示したものです。

このグラフは、「今、振り返ってみると、お子さまが小学校に入学するまでに、身につけておいたほうがよかったと思うこと」18項目のうち上位4項目を表わしています。これらの結果は、保護者が小学1年生のわが子の様子から、挨拶やお

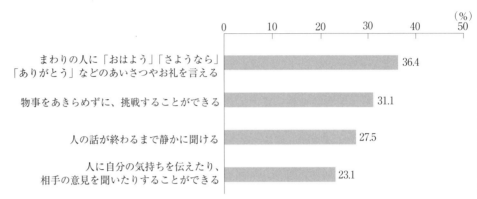

●図6-5　小学校までに身につけてほしいこと－生活習慣・学びに向かう力（小1生）
（ベネッセ 2012　幼児期から小学1年生の家庭教育調査より）

礼がしっかりとできる、あきらめずに挑戦する、人の話を最後まで聞く、自分の気持ちを伝えるなどの力が大切であると感じていることを示しています。これらの力は、子どもたちが人間関係を構築し小学校で他者と協同して学ぶために必要な力です。

　幼小連携においては、かねてより協同性の育成に焦点が当てられてきました。幼児教育において、協同性が育つということは、子ども同士がお互いにかかわり合いながら、さまざまなことを学んだり、人間関係が深まったり、自発性が芽生えたりすることです。例えば、友だちと一緒に遊んだり、何かを作ったりする中で、試行錯誤をしながらさまざまな成功体験や葛藤体験をして、自己主張や自己抑制の仕方、ルールを守ることの大切さ、責任感や思いやりなど、社会性を身に付けていきます。そして、友だちと折り合いをつけながらかかわっていくことの大切さを学ぶのです。

　そのため幼児教育の現場では、友だちとかかわる、助け合う、伝え合うなどのできる活動を取り入れたり、クラス全体で共通の目的を持ち、力を合わせて協同的な遊びを充実させたりする取り組みをおこなう必要があります。その際、保育者は、子どもの工夫や努力に対し共感的な気持ちを伝えるなど遊びが発展していくよう援助し、子どもが協同性を開花できるよう働きかけることが大切です。

　保育者は、児童期においてどのように育ちや学びが広がり深まるのかを十分理解し、小学校の教師は幼児期において子どもがどのように育ってきたのか、一人ひとりの状況を十分に理解して子どもにかかわることが大切なのです。

【引用文献】
OECD（2017）Starting Strong V : Transitions from Early Childhood Education and Care to Primary Education, OECD Publishing, Paris. https://dx.doi.org/10.1787/9789264276253-en
寺田清美（2013）「保小連携に関する調査研究報告書」社会福祉法人　日本保育協会
うい（2019）「しょうがっこうがだいすき」　学研プラス
ベネッセ（2013）「幼児期から小学1年生の家庭教育調査　報告書[2012年]」, ベネッセ研究教育センター（https://berd.benesse.jp/jisedai/research/detail1.php?id=3200)

**【グループワーク1】** 順番を守らないAくん。いざこざの解消法を見つけよう

　幼稚園や保育所、こども園では、それまでの「子どもは自分だけ」「子どもは自分と1，2人の兄弟姉妹だけ」といった家庭での生活とは違い、初めて何十人も同じ年頃のお友達がいる中で過ごすことになります。そんな中で、少しずつお友達との関わり方を知っていき、家族以外の人とも関われるようになっていきます。しかし、人と関わることについては「初心者」の子どもたちにとっては、なかなかうまくいかないことも多いものです。

　ここでは、お友達との間でいざこざが起こってしまった場面の中で、先生がどのように関われば良いか考えてみましょう。

・・・・・・・・・・・・・・・・・・・・・・・・・・・・・・・・・・・・・・・・・・

　お天気の良い日は園庭で遊ぶのが大好きな子どもたち。気持ちの良い風の中でゆらゆら揺れるブランコが大人気です。年中組さんに進級して「一つ大きくなった」ことが嬉しい4歳児の子どもたちは、ちゃんと順番を守ってブランコ遊びを楽しんでいました。そんな中、Aくんはお部屋でブロック遊びをしていましたが、お部屋の窓から園庭でブランコに乗っているお友達を見て、自分もブランコで遊びたいなと思い、靴を履いてブランコのところに走っていきました。でも、ブランコのそばには順番を待って並んでいるお友達が1・2・3・4…5人もいます。ブランコに乗りたくてしょうがないAくんは一番に並んでいたBちゃんの前に横入りをして、空いたブランコをさっと取ってしまいました。Bちゃんや並んでいたお友達は「順番だよ！」「一番後ろに並ぶんだよ！」と言いますが、Aくんはブランコをじっと握って離しません。そのうち、ブランコを取り返そうとしたお友達とAくんで取り合いのようになり、とうとうBちゃんは泣き出してしまいました。

・・・・・・・・・・・・・・・・・・・・・・・・・・・・・・・・・・・・・・・・・・

　幼稚園や保育所、こども園ではこのような場面をよく見ることがあります。あなたが先生だったら、この場面でどのように対応するか考えて書いてみましょう。

```
自分が先生だったら…？




```

　一見、悪いのはAくんです。Aくんを叱ってBちゃんたちに謝らせると考える人もいるかもしれません。強く叱ればAくんが言うことを聞いて、謝ってブランコを譲るかもしれませんね。でも、それでAくんの中に「順番を守ろう」という気持ちが育つでしょうか。

　例えば、ちょっと場所を変えてAくんの気分が変わって落ち着いて話せるような雰囲気を作ってから、Aくんの気持ちをしっかりと聞いてみるとどうでしょうか。自分の気持ちを先生にしっかりと受け止めてもらえれば、Aくんの気持ちも落ち着いて、先生が「順番を守ろうね」と言う

のを素直に聞けるでしょう。こういった関わりの中で、Aくんに「悪いことをしてしまったな」「次は順番を守ろう」という気持ちが芽生えてきます。そして、小学校以降の生活で必要となる思いやりや自己抑制の仕方を身に付けていくのです。

【参考文献】
厚生労働省編（2018）『保育所保育指針解説』フレーベル館

**【グループワーク２】** むかしなつかし伝承あそび　調べて探して体験

　皆さんは「伝承あそび」という言葉を聞いたことがありますか。伝承あそびとは、「はないちもんめ」や「あやとり」などの昔ながらの遊びのことをいいます。皆さんは、どんな伝承あそびをしたことがありますか。

| |
|---|
| 子どもの頃にしたことのある伝承あそびを書いてみましょう。 |

　子どもたちが遊ぶ場所や時間が少なくなっていること、年齢の違う友達と遊ぶ機会が減っていることなどから、子どもが伝承あそびを経験する機会が減っていると言われています。しかし、伝承遊びには、「鬼ごっこ」や「ダルマさんがころんだ」のように集団で遊ぶものがたくさんあり、これらは年上の子どもと年下の子どもが地域で一緒に遊ぶ中で、下の世代に受け継がれてきたものです。特に年齢の違う子どもが一緒に遊ぶ中で伝わっていく伝承あそびには、年下の子どもが年上の子どもをまねしながら、社会の中でのふるまいを学んでいくという側面もあります。

　そこで、ここでは伝承あそびを経験することで、子どもたちがどのように育つかということについて考えてみましょう。

①伝承あそびにはどのようなものがあるか調べる。（図書館で遊びに関する本を探したり、インターネットで調べたりしましょう）

②調べた伝承遊びを実際にしてみる。

③遊びの内容等をシートに記入し、グループで見せ合う。その遊びを経験することで子どもがどのように育っていくか考え、話し合う。

| 遊びの名前： | 遊んだ日： | 人数： |
|---|---|---|
| 遊び方 | | |
| 感想 | | |
| 子どもの育ち | | |

　例えば、鬼ごっこであれば「体を十分に動かす」ことや「逃げる面白さ」や「追いかけて捕まえた時の達成感」等を感じながら、「逃げていい範囲はここまで」「捕まったら鬼を交代する」などのルールを守らなければ遊びが楽しくないことを学ぶでしょう。つまり、遊びの中で「ルールを守る必要性」を理解するのです。

　このように、伝承あそびの中でも子どもたちは、小学校との接続期に育てたい「人とかかわる力」を身に付けていきます。

【参考文献】
幼少年教育研究所編（2009）『新版　遊びの指導』同文書院
小川博久著（2010）『遊び保育論』萌文書林

# 第7章
# 保育者同士の人間関係　保護者との人間関係

　みなさんは、自分の周囲にいる人とどのように関わっていますか。保育の場で過ごす子どもたちにとって、保育者は最も身近な人的環境の一つです。子どもたちは、友達同士の関わりから多くを学びとっています。しかし同時に、保育者同士のやりとりや、保育者と保護者との関わりを直に見ることによって、どのように周囲の人と関係を作っていけばよいのか、どのような関係が望ましいのかを学んでいるのです。そのため保育者であるみなさんには、自分自身の人間関係の在り方が、子どもたちの人間関係の育ちにも影響を与えるという事実に目を向け、自らの関わりを見つめなおすことが求められます。この章では、保育の場における保育者同士や保育者と保護者の間で生じるさまざまなエピソードを紹介します。自分だったらどのように考え、対応するかを考えることで、自分の人間関係のありようを振り返ってみましょう。

## １ 園内の人間関係

　園という職場には、新人、若手、中堅、ベテランというさまざまな年代やキャリアの保育者が働いています。それぞれの人がもつ保育観（どのような保育を理想とするか）や子ども観（どのような子どもを育てたいか）は、過去の保育経験によって多様に形作られています。また、ひとたび家庭に帰れば、介護に追われている人や子育ての真っただ中という人もいることでしょう。それぞれのライフステージに合わせて、フルタイムやパートタイムなどの働き方が選択されています。つまり一口に「保育者」と言っても、そこにいる人たちの仕事に対する向き合い方や価値観は決して同一のものではないのです。また、保育の場には、直に子どもたちと関わる保育者だけでなく管理職や栄養士、看護師、用務員といった多様な立場、専門性を備えた人もいます。こうした経験、状況、役割の異なる人々によって保育という営みはつくられています。あなたはこうした多様な人々とどのように関わり、仕事をしていきたいと考えますか。

事例１：多様な人の支えに気づく

　新人のリエ先生は、４歳児クラスの担任になってまだ１か月である。最近リエ先生は、集団活動に参加するのが苦手なソウタくんのことが気になっている。その日は、５月におこなわれる運動会に向けてダンスの練習が行なわれた。ソウタくんは、みんなの輪から抜け出して、花壇の横にごろりと寝ころんでしまった。ソウタくんの様子に気が付いたリエ先生は、「ソウタくん、まだ練習中でしょ！」と言いながら、ソウタくんを連れ戻そうと、慌てて立ち上がった。すると園長先生が背後から、「リエ先生だいじょうぶ、だいじょうぶ。ほらみて、楽しそうでしょ」と言葉をかけた。リエ先生は、「えっ」と言いながら、改めてソウタくんに視線を向けた。ソウタくんの傍らには用務員のおじさんがいて、二人で花を指さしながら、楽し気に会話する様子が目に入った。

1）ソウタくんにとって用務員のおじさんはどのような存在だと思いますか。

2）保育者以外にどのような人が働いていますか。それぞれの人にはどのような専門性や役割があるでしょうか。

3）多様な人たちが保育の場に関わっていることは、子どもたちにとってどんな良さがあると思いますか。

　ソウタくんにとって、保育者とは違う立場で子どもたちと関わってくれる用務員のおじさんは、ほっと安心できる休息所のような存在だったのかもしれません。園内にはさまざまな人がおり、それぞれのもつ経験や専門性が生かされることで、子どもに対する理解や関わりは確かなものになります。もしリエ先生が、用務員のおじさんに対して「自分の仕事を、保育の専門ではない人に邪魔されたくない」という気持ちを抱き否定的な態度をとっていたら、保育所でソウタくんができる経験は、限られたものになってしまったかもしれません。近年は家庭環境の多様化が進み、保育者のもつ専門性だけでは対応しきれない課題をもつ子どもたちや家族の事例も増えてきています。自分の周囲を見渡して、どんな人々がどんな関係を作りながら仕事をしているのかを考えてみましょう。子どもたちや家族を支えるための多様な社会的資源を、身近なところに見つけることができるかもしれません。

### 事例2：育てる側と育てられる側

　タカシ先生は、0～1歳児のクラスに配属されて半年である。この園で勤務経験の長い2名の保育者と一緒に、日々子どもたちに関わっている。最近のタカシ先生の悩みは、クラス内の子どもたちの様子を、勤務経験の長い保育者同士だけで共有し、タカシ先生には伝えてくれないことが多いということである。それによってタカシ先生は、自分が疎外されているという感覚を強くし、些細なこともその保育者たちに聞きづらいと思うようになった。このままではいけないと思うのだが、どうしたらよいかわからずにいる。

1）子どもに関する情報を共有できないことは、どのような点で問題だと思いますか。

2）あなたがタカシ先生の立場なら、どのように行動しますか。

3）あなたが新人保育者を指導する立場だったら、どのような工夫や関わりをしますか。

　保育の場において、一人ひとりの子どもの様子や状況を保育者や職員間で伝え合い、把握することは非常に重要です。しかし情報の共有には時間や手間がかかるため、慣れ親しんだ仲間との間だけで、簡単に話をして済ませてしまうことも少なくないでしょう。新人の立場であれば、自ら働き

かける努力をすることも必要かもしれません。一方で、新人を指導する側には、なれ合いの関係で保育を進めてしまうことのないよう配慮が求められます。また、どのようにしたら効率よく子どもたちに関する情報を共有できるか、その方法を考え、工夫することも大切なことです。子どものケガやアレルギーに対する対応などの重要な情報については、口頭で情報を伝え合うだけではなく、小さな付箋紙やノートにその都度書き込んで共有するという方法をとっている現場も多いでしょう。そうすることで、クラス内の複数の保育者間のみならず、勤務形態や勤務時間の異なる保育者間でもより容易に情報を共有することができます。また近年は、日々の子どもの変化を共有するために、ビデオカメラ等の視聴覚機器を用いて子どもの姿を記録し、保育の合間や事後カンファレンス時にそれを見ながら話し合いをする現場も増えてきています。

---

### 事例3：考え方の違う人とかかわる

　サトミ先生は、自由遊びが中心の公立園の幼稚園教諭として、10年の経験がある。最近になって、一斉保育形態が中心の私立幼稚園から、アキコ先生という保育者が入ってきて、二人で5歳児クラスの複数担任を任されることになった。アキコ先生は、サトミ先生よりも年齢が上で勤務年数も長いのだが、公立園での勤務経験がないため、サトミ先生が主担任、アキコ先生が副担任という立場である。ある日、11月の作品展に向けて、お互いの計画を出し合って話し合いをすることになった。アキコ先生は、保育者が題材や作り方を提示し、子どもたちには作品に用いる材料の色を選ばせてはどうかと提案した。一方サトミ先生は、子ども同士で試行錯誤をする過程を大切にしたいと考えており、何をどのように作るのかも子どもたちに話合わせて決めたいとアキコ先生に伝えた。しかしアキコ先生は、「良い作品を作るためには保育者が方向付けることも大切」と主張し、自分の意見を変えようとはしなかった。サトミ先生は、どうしたら自分の思いが伝わるのだろうかと考え込んでしまった。

> 1）あなたがサトミ先生の立場なら、どのように行動しますか？
>
> 2）価値観の異なる人と一緒に仕事をすることの良さはどこにあると思いますか？

　もし子どもたちが、考え方や好みが異なるからという理由で、特定の友達を排除していたら、あなたは、その子どもたちにどのような言葉をかけますか？　大人であっても、価値観が異なる人と関わることは難しいものです。同じ考えを持つもの同士で同調しあうほうが楽だ、という考えをもつ人もいるかもしれません。しかし違う考えに触れるからこそ、人は自分の考え方をはっきりと認識することができます。相手の考えも尊重しながら、自分の思いを見つめなおすことで、新たな視点や発想を見つけることができるでしょう。特に人々の多様性が増していると言われる現代においては、自らと異なる人を認め、尊重する姿勢が求められています。多様な人との向き合い方や関わり方を、子どもたちに体現してみせることは、保育者の重要な役割ではないでしょうか。

## ②保育者と保護者の人間関係

　近年、少子化や核家族化などの子育て環境の変化により、保護者の育児力低下や育児不安の増加等の問題が指摘されるようになりました。その状況を受けて、2003(平成15)年には保育者が国家資格となり、保育者の業務は、子どもの保育に加えて保護者支援であると明確に位置付けられました。保育者には、保護者の子育てを支えるパートナーとしての役割が求められているといえます。保育者と保護者が、互いに助け合いながら子育てに向き合うことによって、子どもたちの人間関係も一層広がっていくことでしょう。しかし、晩婚化、晩産化等が進むなかで、保護者の価値観や育児方法も多様化しており、保育者が保護者一人ひとりの状況に合わせて支援をおこなうことは容易ではありません。保育者は、保護者とどのような関係を作っていけばよいのでしょうか。

事例1：信頼関係を築くには

　アキラ先生は、保育歴2年目、年長クラスを担任している。子どもとの関わりは楽しいが、保護者と接するのが苦手である。送迎時には、逆上がりができた、誰よりも大きな声で歌っていたなど、「今までできなかったことができた」という大きな成長場面をすぐに伝えるようにしている。しかし、そうした出来事が毎日起こるわけではない。迎えにやってきた保護者と親しく会話をする先輩保育者の姿を見ては、落ち込む日々である。

1）あなたがアキラ先生の立場なら、どのように保護者と関わりますか。

2）保護者が保育者に信頼を寄せるのはどのようなときだと思いますか。

　アキラ先生は、子どもが大きく成長したことや、できなかったことができるようになったといった特別な出来事を伝えようと気負ってしまい、保護者との関わりが難しくなってしまったようですね。あなたは、送迎時の保護者との関わりにおいて重要なことは何だと思いますか。保育者は、保護者に子どもたちの姿を丁寧に伝えることが必要ですが、伝える内容は、特別な出来事である必要はありません。誰とどこで何をしていたのか、どんな遊びが好きなのか、よく遊ぶ友達は誰なのか、最近頑張っていることや楽しんでいることは何かといった、日々の子どもの姿を具体的に伝えることが大切です。そうすることで、保護者に「この先生は、自分の子どもをよく見てくれている」という実感がわき、安心感と信頼が生まれます。バス通園をしているなどの事情で、送迎時に保護者と関わる機会や時間が少ない園もあるでしょう。そのようなときは、クラスだよりや連絡ノートなどを活用することや、保育参観や保護者面談の機会に、保護者と丁寧なコミュニケーションをはかることが重要です。

事例2：共感から始めよう

　新人のユリコ先生は、責任感の強いまじめな性格である。担当している2歳児クラスのカナちゃんは、

胃腸の機能が発達していないせいか、しばしばお腹を壊して軟便をしてしまうことがある。前日の家庭の食事内容を連絡ノートで確認すると、コーンを食べたという記載があった。そこでユリコ先生は、お迎えにきたカナちゃんのお母さんに、「カナちゃんのお腹の調子がよくないときには、コーンなどの消化しにくい食べ物は避けてくださいね」とややきつい口調で言った。カナちゃんのお母さんは少し沈黙したあと、固い表情で「わかりました、すみません」と小さな声で答えた。

　そのときのお母さんの様子が気になったユリコ先生は、去年カナちゃんの担任をしていた保育者に、その日の出来事を話してみた。するとその保育者は、「カナちゃんのお母さん、フルタイムで職場に復帰したばかりだし、上に小学生のお子さんが二人もいるから、子育てに余裕がないのかもしれないね」と教えてくれた。翌朝ユリコ先生は、カナちゃんのお母さんに「昨日は少し食事のことで一方的な言い方をしてしまいすみませんでした。3人のお子さんの子育ては大変ですよね」と声をかけた。カナちゃんのお母さんは、「こちらこそすみませんでした。下の子のためだけに食事を作る余裕がなくて、つい上の子どもの食べ物を取り分けて与えてしまっていたんです」と言った。昨日よりもお母さんの表情が、幾分和らいでいるように見えた。

> 1）ユリコ先生が食事内容について指摘をしたとき、なぜカナちゃんのお母さんは、固い表情になったのでしょうか。カナちゃんのお母さんの気持ちを想像してみましょう。
>
> 2）同僚に相談したあと、ユリコ先生はカナちゃんのお母さんへの関わり方をどのように変えたのでしょうか。

　日々保護者と接する保育者は、子どもの成長を願う気持ちが強いがゆえに、「どうしてきちんと育ててくれないのだろう」、「もっと子どもに関心をもってほしい」といった気持ちを保護者に対して抱くことがあるかもしれません。しかしそうした思いを、ただ保護者にぶつけるだけでは、事態は改善しないのも事実です。保護者にはそれぞれ個別の事情があり、今のままではよくないとわかっていても子どもへの関わり方を変えられない、あるいは変え方がわからない人も少なくありません。保育者から一方的にあるべき子育ての仕方や価値観を押し付けられたとき、保護者は「自分の大変さをわかってもらえない」という気持ちを抱き、保育者に対して心を閉ざしてしまうこともあるでしょう。保護者支援は、保護者に適切な養育方法を一方的に指導するのではなく、保護者自身のもつ潜在的養育力を引き出すことを原則とします（保育所保育指針・認定こども園保育教育要領　第4章）。そのため保育者には、受容、共感、傾聴といった対人援助職における基本的な態度を身に着け、相手の立場に立った援助を心掛けることが求められるのです。

### 事例3：保護者と保育者の認識のずれ

　4歳児クラスのマモルくんは、担任のミキ先生にとって少し気になる存在である。平仮名や数字の読み書きなどの知的な部分の発達は進んでいるのだが、手先が不器用で、はさみなどの道具をうまく扱えない、友達への関心が希薄であるといった様子もあり、身体面や社会性の発達の遅れが感じられる。一方マモル

くんの母親は、マモルくんが難しい文字を読み、一人で遊ぶ姿をみて「しっかりしてきた」と感じている。これまでセーブしてきた仕事を少しずつ増やしていくため、延長保育の申請もおこなうことにした。ミキ先生は、マモルくんのお母さんから延長保育を利用したいと聞き、そのまま申請を受理してよいものかと悩んでいる。

1）マモルくんの母親は子どもの発達に関してどのような認識をしていると感じますか。

2）ミキ先生はなぜ延長保育の申請を受理することにためらいを感じているのでしょうか。

3）あなたがミキ先生の立場ならどのように対応しますか。

　保育者が、保護者の子育てを支援する際は、保護者の自己決定を尊重し、家庭や就労状況に配慮することが求められています。しかしそれは、保育者が保護者の要望をそのまま受け入れなければならない、ということを意味するわけではありません。保護者支援の目的は、あくまでも子どもの最善の利益を守ることであり、保護者に対する支援は、長い目でみれば子どもの幸せや成長につながるという視点から行なわれる必要があります。事例では、マモルくんのお母さんが、保育の場でのわが子の姿を知らないまま、仕事量を増やそうとしています。保育者がその要求を受け入れることは、マモルくんのお母さんから、子育ての喜びを知る機会や養育力を高める機会を奪ってしまうことになるかもしれません。まずはお母さんに、保育の場でのマモルくんの様子を知ってもらい、保育者とお母さんとの間でマモルくんの子育てに関する共通認識をつくっていくことが必要でしょう。

### 事例4：文化や言語の違いを尊重する

　昨年、ブラジルから両親と共に来日したヘレナちゃんは、4月からヒデキ先生の担当する年長クラスで過ごしている。家庭では、両親とポルトガル語を用いて会話をしている。入園してから2か月ほど経つと、少しずつ簡単な日本語ならわかるようになり、友達との関わりも増えてきた。しかし少しでも複雑なやりとりになると、ほとんど理解できない様子で、参加できる活動も限られてしまう。6月の半ばに実施された保育参観のあと、ヒデキ先生は、ヘレナちゃんの両親に「家庭でもできるだけ日本語を話すようにしてください。小学校に入ってからも困りますから」と伝えた。

1）ヒデキ先生の「家庭でも日本語を話すようにしてほしい」と伝える関わりについて、あなたはどのように感じますか。

2）あなたがヒデキ先生の立場なら、どのように対応しますか。

　現在日本の保育現場には、外国にルーツをもつ子どもたちが数多く在籍しています。こうした子どもたちの言語的、文化的状況は、国籍による「○○人」という呼称では捉えきれない多様性を含んでいます．例えば、日本に暮らすブラジル国籍の子どもの場合，家庭の外では日本語を話し、家庭では家族に合わせてポルトガル語を話すという子もいれば、そもそも家庭でも父親と母親に対してそれぞれ違う言葉を用いて会話をしている子もいます。家族とともに日本での定住する子どももいれば、短期間の滞在後、親の仕事の都合で母国に帰国する子どももいるでしょう。事例では、ヒデキ先生が、ヘレナちゃんに早く日本の生活に馴染んでほしいという思いから、家庭で家族と会話をするときも日本語を話すことを求めています。しかし子どもが日本語だけを話すようになることで、家族内でのコミュニケーションが難しくなることもあります。子どもや保護者の中には、自らの多様な背景や状況を否定されたという思いを抱き、日本で生活することに居心地の悪さを感じてしまう可能性もあります。保育者には、自分とは異なる文化や言語を尊重する姿勢とはいかなるものかを学び、個々の状況に配慮した関わりが求められます。子どもたちはそうした保育者の姿勢から、多様な背景を持つ人々と共に生きることの意味を学ぶことができるでしょう。

# 第8章
# 人と関わる保育者の役割

## 1 遊びにおいて幼児同士をつなげる保育者の役割

　子どもに、人と関わることの大切さや楽しさ、喜びを教えるのは、保育者の大きな役割です。そのためには、もちろん保育者自身も多様な立場の人と関わりを広げ、その中の特定の人と関わりを深める力が必要となります。子どもが人と関わる力を育てることは、保育者である自分の関わる力についても同時に問われるのです。

　幼児期では、子どもはなかなかルールを守ることができません。それは、自分の思いをコントロールする力がまだ発達していないからです。そこで、保育者は遊びの中で、互いに思いを話し合う機会をつくり、その中で子どもが自分の思いに折り合いをつける経験を積み重ねさせていきます。とくに、近年、兄弟姉妹が少ない家族の中で生まれた子どもは、常に自分の思いを受け入れてくれる大人としかいないため、自分の思いを主張しがちです。園では、同年齢の友達や年上、年下と関わりの幅が広がります。その関わりの広がりの中で、自分の思いが受け入れられたり、受け入れられなかったりする経験を積み重ねることで、ルールを守ることの楽しさや喜びを感じ、関わる力を身に付けていくのです。

　本章では、子ども同士をつなげる保育者の役割について、各年齢における幼児期の子ども同士の関わりの事例をもとに考察していきます。

### (1) 3歳児をつなげる保育者の援助～言葉の壁を乗り越えていざこざをとりなす場面

　保育現場では、子ども同士のいざこざの場面が多く見受けられます。特に3歳児ではモノの取り合いや、言葉よりも先に手が出てしまう、などといったケースがあります。

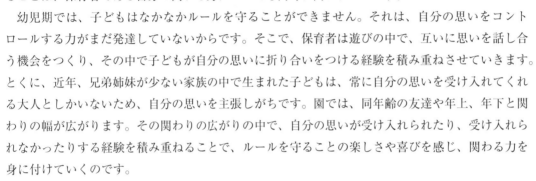

　Aちゃんは今、絵本を読んでいるところです。そこにB君がやってきて、Aちゃんが見ている絵本を覗きました。
　A「いま私が見てるからダメ！」
　B「俺にも見せて！」
　B君が無理やり絵本を見ようとしたので、AちゃんはB君を押し倒してしまいました。

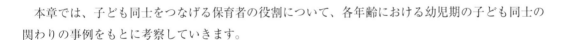

　このように思い通りにならない→手を出してしまうといったケースは多くみられることと考えられます。幼稚園教育要領の人間関係の2内容 (6) には「自分が思ったことを相手に伝え、相手の思っていることに気づく」と明記されています。いざこざといったトラブル場面へのかかわりに関する保育者の専門性として友定 (2010) は (1) 個別具体的なかかわり、(2) レジリエンス (逆境から立ち直る力) を支える、(3) ゆっくり聞く・考えることを助ける、(4) 話すこと・対話の援助、(5) 遊びが壊れないように援助する、(6) 保育者が問題を捉える、の6つを挙げています。また松

原ら（2019）は、教師（保育者）は3歳児では葛藤への対処能力がまだ備わっていない発達段階であるため、当事者である幼児同士の心的状態の相互理解に努めるなど、幼児同士の「橋渡し」として援助していることを明らかとしました。子どもの発達段階や個性によっては、なかなか自分の思いを伝えられなかったり、上記に示したエピソードのように手を出してしまったりすることもあります。保育者は子どもの気持ちを受け止め、「橋渡し」を行なうことで幼児は相手の気持ちに気づき、相手の気持ちを知る経験につながるのではないでしょうか。

### （2）4歳児をつなげる保育者の援助～"見立てる"ことを通してごっこ遊びを広げる場面

下記に示すエピソードは4歳児の男の子2人のエピソードです。

> C君とD君は生き物がとても大好きです。ある日2人は図書室の棚の上にある大きな絵本を見つけました。その絵本には、海の中にいろんな魚が書いてある本でした。2人はその絵本を見ながら「あっ！ホオジロザメだ！」などと言いながら、夢中になって絵本を見ていました。しばらくすると、2人は釣りをするようなしぐさをし始め、「○○釣れた！」と言いながら遊び始めました。やがて今度は隣のクラスから椅子を何個か図書室にもっていき、組み立て、「これボートね！」といい、椅子に座って釣りをし始めました。

幼稚園教育要領の人間関係2（8）には「友達と楽しく活動する中で、共通の目的を見出し、工夫したり、協力したりなどする」と明記されています。上記に示したエピソードは、絵本を海に見立て、魚釣りごっこをするという共通の目的を見出し、椅子を別の部屋から図書室にもっていき、ボートに見立てて釣りをするという子どもたちの工夫する姿が見られます。ごっこ遊びのイメージの共有を支えるために藤塚（2012）は共有要因としての場（空間）、ふり（動作）、言葉、もの・作ったもの、集団構成についての援助が必要であることを示しています。さらに藤塚は4歳児について、役割を通して相手との関係を作り出すが、自分の役で何をしているかをうまく伝えることができない場合が多く、保育者は状況を判断し、グループ内で主張しあう時間が必要であることを指摘しています。保育者はごっこ遊びの様子を把握しつつ、子ども同士のイメージが共有されるよう、援助していくことが求められます。

### （3）5歳児をつなげる保育者の援助～好きな遊びを展開する幼児同士の相互作用が深まることによって学びを深める

ある日、虫探しの大好きな5歳児の男の子のグループが虫探しをしていました。

> 虫探しをしていると池で泳いでいる虫を発見しました。「あ、虫が泳いでる！」「あめんぼじゃないな」「溺れているのかな？」「助けよう！」そうして、網でその虫をすくい、観察し始めました。しかし、その虫は動きが鈍くなっていました。保育者は「あれ？ 動かないね」というと、子どもたちは「死んじゃったのかな・・・」「でも少しだけ動いているよ」「もう一回池に戻してみる？」と言い、池に虫を返しました。するとその虫は動き出しました。「水の中に住んでいる虫なのかな？」「もう

一回見てみよう！」すると再度池から虫をとり、観察することになりました。「やっぱり動かない
な」「水の中に入れよう！」「池の水のほうがいいかな？」

　幼稚園教育要領の人間関係2内容（4）には「いろいろな遊びの楽しみながら、物事をやり遂げ
ようとする気持ちをもつ」と明記されています。子どもたちと保育者は虫探しを楽しみながら、助
けた虫を観察し、互いに意見を交わし、試行錯誤しながら「これは水の中の生き物なのか」という
疑問を解決しようとしています。このように遊びの中で疑問を発見し、何度もくり返し、挑戦、試
行錯誤しながら学びを深めることは幼児の生活の中で大切にしたい一面であります。そのためには、
保育者は子どもたちが何に興味を持ち、何を疑問に感じているのかを子どもたちの様子や言動から
見取り、援助することが重要であり、保育者としての専門性が問われる場面ではないかと考えられ
ます。

## ②生活を通して幼児同士をつなげる保育者の役割

### （1）登園時に幼児をつなげる保育者の役割～登園から遊び出しまで

　子どもたちは朝、バスや保護者に連れられて幼稚園、保育所、こども園に到着し、保護者と別れ、
荷物を整理したり、着替えたり、トイレを済ませ、クラスの活動が始まるまで、自由遊びをします。
保育者はそれらを援助しながら保護者対応を併せて行なわなければなりません。保木井ら（2012）
は登園時における子どもの生活を支える保育者の専門性が表われている行為として「切り抜けるな
がら」「切り替えるながら」「抱き合わせるながら」3つの「ながら行為」を示しています。中でも
「切り抜けるながら」は、子どもの受け入れ、保護者対応といった登園時の複数のタスクを同時に
対処し、状況を切り抜ける「ながら行為」として挙げられています。先に示した受け入れや保護者
対応のほかに、登園した子どものルーティンの援助（ここでいうルーティンとは制服や防寒着の脱
衣、出席シールの添付、カバンなどの片付け等をさします）、遊びにも援助が必要です。保木井ら
の研究の分析対象場面（3歳児クラス）では登園の際に泣き出す場面は見られなかったものの、潜
在的に不安定な状態での登園であると考えられました。山本（2015）は、保育者は子どもが気持ち
を切り替えていけるように援助を行なうことを重視していることを明らかにしています。また、幼
稚園教育要領の総則の中には「幼児が次の活動への期待や意欲を持つことができるよう幼児の実態
を踏まえながら教師やほかの幼児とともに遊びや生活の中で見通しを持ったり、振り返ったりする
よう工夫すること」と示されています。なかなかクラスに入れず、保護者と離れられない子どもの
気持ちを受け止め、次の活動へ期待が持てる工夫、援助が登園場面の保育者に求められます。

### （2）衣食住を通じて幼児をつなげる保育者の役割～着替えやランチなどを通して

　登園後は保育の場が子どもたちにとっての生活の場となります。着替えたり、食事をしたりと
いった行為を援助することも保育者の役割の1つです。主に3歳児クラスでは着替えを苦手とし、
一人ではなかなか着替えることができない子どもが見受けられます。中には時間をかけてでも自分
で着替えようとする子もいます。保育者はそんな子どもを見守り、時に助けながら、自分で着替え

ることができた達成感を味あわせることが必要でしょう。幼稚園教育要領の幼児期の終わりまでに育ってほしい姿の中に自立心があります。着替えの中で子どもの自立心を育てることも保育者の役割として挙げられるでしょう。

　また、食事場面では、子どもたちは食べたことがない食材に挑戦したり、スプーンやフォークの使い方を学んだりなど、さまざまな経験をする場面です。幼稚園教育要領の健康2内容（5）には「先生や友達と食べることを楽しみ、食べ物への興味や関心を持つ」と明記されており、同じく人間関係2内容（1）には「先生や友達と共に過ごすことの喜びを味わう」と明記されています。また、保育者や友達と共に食事をすることを通して、楽しさ、喜びを共有できるよう援助することが保育者としての役割として挙げられます。例えば、食事場面では給食、弁当を全部食べたことを保育者に自慢げにする子どもが見られます。保育者は子どもと一緒に喜んだり、褒めたりすることで、達成感を味わい、食事に対する意欲を養うことにつながると考えられます。

### （3）クラスみんなでの活動で幼児をつなげる保育者の役割〜絵本の読み聞かせ、表現活動

　設定保育の中にはクラス全体での絵本の読み聞かせや、歌うなどの表現活動があります。幼稚園教育要領の言葉2内容（9）には「絵本や物語などに親しみ、興味を持って聞き、想像する楽しさを味わう」と明記されています。また、内容の取扱い（3）では「絵本や物語などで、その内容と自分の経験を結び付けたり、想像を巡らせたりするなど、楽しみを十分に味わうことによって次第に豊かなイメージを持ち、言葉に対する感覚が養われるようにすること」と示されています。保育者は発達段階や子どもたちの興味に応じて絵本を選び、楽しみとともにイメージを膨らませながら子どもの言葉を育むことが1つの役割として挙げられるでしょう。また、前節で挙げた4歳児の事例のように絵本からイメージして遊びを展開する場面もあります。保育室の環境の1つとして、子どもが興味を持つ分野の絵本を置いておくことも、絵本と子ども同士をつなぐ援助として考えられます。

　また、クラスの活動の中では歌を歌う、絵を描く、粘土で遊ぶなどといった表現活動も多様に経験することと考えられます。こういった表現活動の中でも幼児同士をつなぐさまざまな援助が求められます。幼稚園教育要領の人間関係2内容（7）では「友達の良さに気づき、一緒に活動する楽しさを味わう」と明記されています。子どもたちは、ともに活動を行なう中で、互いの個性に気づいたり、その個性に応じて互いの良さが生かされ、ともに活動することの楽しさを味わうことができるでしょう。

## ③家庭と園をつなげる保育者の役割

### （1）幼児の育ちを共に見守る保護者と保育者のつながり

保護者の思いに寄り添う

　現代において保育者が果たす役割は子どもへの教育や保育だけではありません。保護者への対応や、地域住民に対して幼児教育と保育に関する情報を提供するなどの社会的な役割もあります。そして、その社会的な役割を果たすために、園全体で日常的に保育者同士が協力し合える体制を築き、

「保護者とのコミュニケーションを図り」、「日頃から保護者に伝えるなど、家庭との連携に留意する」、「保護者との情報交換の機会を設けたり、保護者と幼児との活動の機会を設けたり」することなどが求められています。

このように、保護者との連携を深めることが重要視される背景として、「幼児は、保護者の感情や生活態度に影響されることが大きく、保護者が幼稚園や教師に信頼感をもっていれば、幼児も安心して過ごすことができる」ことが教育要領に示されています。つまり、保育者は幼児の健やかな成長のために、保護者と良好な関係性を築くことの重要性が示されてきたのです。

### 保護者とのコミュニケーションの質

保護者の思いに寄り添い、関係性を築くことの重要性が示されているものの、「保護者は自身が経験した幼稚園のイメージをもっているため、丁寧に園生活や園の方針を説明したりすることなどが必要である」ことが示されているように、単純に保護者のいいなりになるということではありません。多くの保護者は幼児期の教育については、自分の経験しか知らない場合が多く、ネットなどから断片的な情報を多く得ることはできても、それらの知識を自分自身で系統的に再構成することは難しいのです。さらに、それを具体化する技能まで有する保護者はほとんどいません。保護者の言いなりになるのではなく、保護者と良好な関係性を築き、子どもの成長に関する情報を互いに共有していく過程で、保護者に対して「幼児期の教育に関する理解が深まる」ような質の高いコミュニケーションを行なうことが求められているのです。

さらに、幼稚園教育要領では、質の高いコミュニケーションの手法について、保育参加を通じた保護者と幼児との活動機会の提供、保護者会の活用、登降園時、連絡帳、学級だより・園だよりとより詳細にその具体的な方法についても示しています。例えば、保育参加については、保護者が幼児と同じ体験や感動を共有することで、幼児の気持ちや言動の意味に気づくことが可能となり、自分の子どもの成長や発達の姿について将来的な見通しを持てるようになることを示しています。保護者との双方向的なコミュニケーションの実際は、園によって独自の方策などを行なっている園も多いので、実習などで園に行ったときに、登降園時の保護者への保育者の話しかけ方やその内容などをよく観察することが、良い学びとなります。

### （2）保護者と園をつなげる保育者の役割

### 行事における保護者と保育者とのつながり

先に示したように、保護者に幼児の成長や発達について知らせることが求められています。その機会の一つとして、誕生会・運動会・発表会などの行事を位置づけている園も多いのが現状です。しかし、ただ単に、保護者へのサービスとして、これらの行事を開催し、普段の保育の成果を示すという態度では、質の高いコミュニケーションとはいえません。これらの行事を通して「保護者が、幼稚園と共に幼児を育てるという意識が高まる」ような働きかけをすることが重要です。そのために、運動会では、これまでの練習の結果を見せることに主眼をおくような「成果主義」的な意識ではなく、運動会までにどのような活動を、どのような他者とかかわりながら作り上げてきたのか、そのプロセスを詳細に記録し、その記録を保護者と共有することが重要になります。

　子どもの活動の記録の有効性については、レッジョ・エミリアに代表されるドキュメンテーションや、ニュージーランドのテ・ファリキでつかわれるラーニングストーリーなどが援用され、近年多くの園で実践が試みられています。例えば、松延（2018）は、出雲崎保育園のホームページで「IZUMOZAKI Learning Story」として、日々の子どもの姿を丁寧に見取り、そこでの子どもの言動を、写真とともに克明に記述しています。そして、子どもの言動が持つ意味について、自らの解釈を示すことで、保護者が幼児の言動を理解するための一助としています。実際に、獅子舞という伝統行事に幼児が参加し、そこから発想を得て遊びを展開する様子を克明に記録することで、行事が幼児に与えた教育的な効果を保護者に対して情報提供するツールとして活用しています（読売教育賞，2019）。

## （3）保護者同士をつなげる保育者の役割
### 保護者同士の交流をファシリテートする
　保育者と保護者がコミュニケーションするだけでなく、保育者は保護者同士の交流を深めることも求められています。具体的には、「親子登園などの未就園児の保育活動、絵本クラブなどの保護者同士の交流の機会の企画」などが教育要領で示されています。実際に、運動会などの行事を実施する際に、保護者へ協力を要請し、希望した保護者が行事の運営に参加できるように体制を整える園も多くみられます。また、保育参観の中で、保護者同士が交流できるような機会を取り入れたりしている園も多くみられます。さらに、園庭の環境整備や絵本の整理整頓などの日常的な活動についても、父母会に依頼して、日ごろから保護者同士がかかわりを持ち、関係性を築けるような園も多くなりました。

## （4）多文化保育を醸成する保育者
### 外国につながる子どもと保護者
　さらに、近年では全国的に労働者不足が広がるなかで、外国人の就労が多くの職業領域で認められるようになり、外国とつながる保護者も多くみられるようになりました。しかし、言葉の問題などもあり、なかなか保育者や他の保護者とのコミュニケーションが取れず、孤立する事例が多くみられます。韓（2017）も、実際に外国につながる保護者からの相談として、「通訳などの言語支援」、「日本の生活への適応」などがあることを示し、保育者自身も十分な対応ができないため、不安視している点を指摘するとともに、保護者同士の相互理解と共生が課題であることを指摘しています。また、名倉（2004）では、外国人児童が日本の保育所に入所した際に、マジョリティである日本人の文化に「同化」させるのではなく、外国人児童の持つ文化を受け入れて「共生」することが求められている状況を示しました。
　石塚（2018）は、外国につながる子どもへの対応について、子どもと保護者が持つ文化や言語の違いに応じた特別な支援の必要性を示し、子どもの母語や母国文化を環境やカリキュラムに取り入れたり、外国とつながる保護者への支援をしたりすることが有効であることを示しています。具体的な事例として、三井（2017）は、京都市の多文化学習推進プログラムを示し、外国の歌や遊び、

食べ物、習慣などを実際に体験するプログラムの意義について示しました。多文化保育の今後のさらなる展開を考えると、言語の面からは外国籍保育士（佐々木、2014）、来日したという同一の経験を持つ来日第二世代保育者の存在も重要になると考えられます（林ら、2018）。しかし、多文化共生保育については、日本ではまだまだ発展途上にあり、今後さらなる実践と研究の積み重ねが必要になると思います。今後も、多文化共生保育に関する情報収集を常に行なえる保育者であって欲しいと考えます。

## ④地域住民と園をつなげる保育者の役割

### （1）遊び通して地域と幼児がつながる経験を生み出す保育者

#### 散歩、近隣施設（教育資源）の活用

　新しい教育要領では、「我が国や地域社会における様々な文化や伝統に親しむこと」を領域「環境」に盛り込みました。、さらに、改訂の要点において「教育活動の計画を作成する際に、地域の人々と連携するなど、地域の様々な資源を活用しつつ、多様な体験ができるようにする」と示し、地域社会との連携を密にしたうえで、その資源を有効活用することを示しました。

　また、子育て支援において、幼稚園が地域における幼児期の教育のセンターとしての役割を果たすよう示しつつ、「心理や保健の専門家、地域の子育て経験者等と連携・協働しながら取り組むこと」を示しました。さらに、地域の物的・文化的な教育資源を活用するだけでなく、人的資源も活用すること、また、一方的に活用するだけでなく、地域住民にとって幼児教育に関する拠りどころとなることを指摘しています。

### （2）地域住民を招いてつながる経験を生み出す保育者

#### NPOや地域自治会の人々を招いての活動

　地域社会と連携するメリットとして、多様な他者の存在とコミュニケーションによる経験の多様化、多角化があげられます。教育要領においても、「多様な人々との出会いや関わり合いを通して、幼児が必要な体験を積み重ねていく」と述べて、多様な立場の他者とのコミュニケーションを前提となることを示しています。

### （3）小学校につなげる保育者の役割

#### 幼児の姿を共有することで連携をめざす

　近年、保幼小連携も大きなテーマになっています。小学校1年生が、なかなか集中できず、教室を歩き回り、授業が成り立たない状況は「小1問題」と呼ばれ、その原因が幼児教育での子どもの育ちにあるという誤った認識が広まりました。しかし、現在では、その認識は誤りで、むしろ小学校の教育の在り方を疑問視し、生活科のような子どもの主体性を大切にした学習活動を取り入れることで、幼児教育の良さを小学校に取り込んでいく動きが進みつつあります。幼児教育でも、保幼小が互いに歩み寄ることによって、子どもの成長を保証する連携を志向した実践が全国的に取り組まれはじめました。

　それらの質の高い保幼小連携の実践では、幼児教育・保育がただ単に小学校以降の学習の予備学習としての位置づけではなく、幼児期に培った意欲や態度が小学校の生活や学習の基盤へとなることが強調されています。また、教育要領では「障害のある幼児児童生徒との交流及び共同学習の機会を設け、協働して生活していく態度を育む」と述べて、特別に支援の必要な子どもたちとかかわりを広げることも求めています。障害を持つ子どもが多様な立場の人々とかかわりながら、健やかに成長していく環境を整備することが求められているのです。

## ⑤ 人とつながることの難しさ

　これまで、保育者にとって、多様な立場の他者と良好な関わり合いを築くことの重要性を示してきました。しかし、あらゆる他者と良好な関係を維持することは実際には難しいものです。とくに、保護者との関係性は、保育者のストレスの要因となることが、保育者のストレスに関する先行研究で示されてきました。とくに、近年はしつけがうまくできなかったり、子育てへ無関心だったりと「気になる保護者」が多くみられるようになったことが示されています（久保山、2009、金山、2014）。これらの、気になる保護者への対応については、砂上（2018）が、自分個人で取り組むのではなく、園外の専門家も取り込んだ園内での体制づくりが必要であることを示しています。とくに、初任期のときには、年上の保護者がほとんどで、保護者との関係性に悩む保育者が多いことが示されています。先輩の保育者や主任、園長などに日ごろから相談をしたり、先輩保育者が保護者と日常的にどのようにかかわっているかをよく観察するような習慣を身につけるよう、これからも学びをすすめていってください。

【参考文献】
文部科学省（2018）幼稚園教育要領
友定啓子（2010）トラブル場面へのかかわりに見る保育者の専門性.山口大学教育学部研究論叢、59、239-251
松原未季・本山方子（2019）幼稚園3歳児の対人葛藤場面における教師の援助.奈良教育大学次世代教員育成センター紀要、5、165-174
藤塚岳子（2012）ごっこ遊びのイメージの共有を支える援助—共有要因の発達プロセスをとらえながら—.愛知教育大学幼児教育研究、16、59-66
保木井啓史・智谷思音・中坪史典（2014）「ながら行為」としての保育者の専門性に関する研究—登園時から設定保育に至るまで、63、111-120
山本聡子（2015）登園後の移行に対する保育者の配慮に関する研究.名古屋柳城短期大学研究紀要、37、125－137

【グループワーク3】 保護者のこんな相談！保育者としてどう対応する？

① それでは、まず3人組になりましょう。

② 次に、「保育者」役、「保護者」役、そして「観察係」という三つの役をおのおので選んでください。「観察係」とは、「保育者」役と「保護者」役のやりとりを、その場にはいない「透明人間」としてじっくりと観察し、後で、二人が自覚していない癖や言い間違い、気になった点などを指摘してあげてください。

③ さて、本番です。「保護者」役の人は、「保育者」役の人に相談してください。台本はありません。実習等で見知った話でも、自分自身が困った話でも何でも大丈夫です。本当に困ってしまった保護者の役を演じて、真剣に相談をしてみてください。「保育者」役の人は、これまで学んだすべての知識を総動員して、親身になって相談にのってください。時間は自由ですが、だいたい7分くらいが短くもなく長くもないかもしれません。

④ 「保護者」役と「保育者」役のやりとりが終わると、3名でじっくりと振り返ってみてください。「保護者」役の人は、「保育者」役の言葉で非常に良いアドバイスであれば、どのように良かったのかを伝えてあげてください。逆に、イヤな気持ちになるようなことばがあれば、どのようにイヤだったのかも伝えてあげれば良いかもしれません。先のやりとりが7分だったならば、ほぼ同じくらいの時間をとって振り返ってみてください。この振り返りの時間はとても大切です。いい加減な態度で時間を無駄にしないようにしましょう。

⑤ 以上が、一つのセッションとなります。この後は、役割を交替して、同じようにセッションを全3回おこないます。そうすると、3名全員が、三つすべての役割を経験することになります。

　以上は、私が考案した「自らのフレームに気づくための"役割交換重視型ロール・プレイング"」です。生半可の知識では、保護者からの相談にはのれないことが理解できたのではないでしょうか。中には、第7章の事例1のように、発達障碍があるかもしれない子どもについての相談もあったかもしれません。現在学んでいる、そしてこれまで学んできたどの科目の知識も必要となります。それらの知識を自分のものにしていないと、保護者にお応えすることは難しいのです。

【文献】
宮内洋（2017）「教職課程における『生徒指導、教育相談及び進路指導等に関する科目』でのロール・プレイングの導入：『自らのフレームに気づくための"役割交換重視型ロール・プレイング』の有効性」、『群馬県立女子大学紀要』第38号．201-209

**【グループワーク4】** クレームの多い保護者に、保育者としてどうかかわる？

　ここでも、まず3人組になって、【グループワーク3】で実施した「自らのフレームに気づくための"役割交換重視型ロール・プレイング"」をしてみましょう。

　しかし、まったく同じではありません。「保育者」役、「保護者」役、そして「観察係」という三つの役を最初に割りあてて進めていくのは同じですが、今回は「保護者」役の人は、「保育者」役の人に文句を言ってください。台本はありません。皆さんが知っていたり、考えたりした出来事から、「保育者」役に文句を言ってください。例えば、子どもが園でケガをした時に、園からは何の連絡もなかったが、子どもの傷が一生消えなかったら、どのように責任をとってくれるのか、などです。【グループワーク3】と同様に、仮に7分間のやりとりをおこなったとしても、7分間で必ず解決しなければならないというわけではありません。「保護者」役が7分間ずっと文句を言い続け、時間切れになっても構いません。

　【グループワーク3】と同様に、このロール・プレイングとその振り返りを、役割を交替しながら、計3回のセッションをおこないましょう。


　どうでしたか？

　「保育者」役の時は責められてばかりで辛かったという人もいるかもしれません。逆に、「保護者」役として文句を言うのが楽しかったという人もいたかもしれません。

　まず、朝、知り合いとすれ違った際に、挨拶をしたのに無視されてしまった経験がある人はいるでしょう。「私、何かまずいことでもしてしまったのだろうか」と、これまでの言動を思い返す人もいるかもしれません。しかし、その人は、その日たまたまコンタクトをしておらず、ほとんど見えなかったかもしれません。実は、クレームがあったとしても、その保護者は別のことでストレスがかなりたまっていたのかもしれません。

　ここで忘れてはいけないことは、子どもを不幸にしようとする保護者も保育者もほぼいないということです。双方ともに、その子どもに幸せになってほしい、健やかに育ってほしいという願いを持っているはずです。つまり、保護者も保育者も、子どもについては同じ方向を向いているわけです。ならば、ぶつかるはずはありません。子どもについてのクレームならば、じっくりと耳を傾けることによって、子どもに対する思いが伝わってくるはずです。そして、保護者側の不満もまた理解できるようになるのではないでしょうか。

【文献】
宮内洋（2017）「教職課程における『生徒指導、教育相談及び進路指導等に関する科目』でのロール・プレイングの導入：『自らのフレームに気づくための"役割交換重視型ロール・プレイング"』の有効性」『群馬県立女子大学紀要』第38号．201-209

# 気になる子どもとのかかわり

＜目的＞

　近年、保育所や幼稚園等では、友達を叩く、保育室から飛び出す等、保育者が対応に困る「気になる子ども」の様子が伝えられます。このような「気になる子ども」の多くは、友だちや保育士、保護者等、人とのかかわりに何らかの困難さをもっている子どもといえます。本章では、このような人間関係で保育者が「気になる子ども」についての捉え方、かかわり方等について考えていきます。

＜この章で登場する2人の子ども＞

Aさん
すぐに友達を叩いたり、けったりしてしまう、元気な4歳の女の子

Bさん
一人で遊ぶことが多い、静かな5歳の男の子

## ①「気になる子ども」について

### （1）「気になる子ども」の定義

　「気になる子ども」の明確な定義はありません。これまでの研究から「保育者にとって保育が難しいと考えられている子ども（本郷・杉村・飯島・高橋・平川，2005）」、「発達障害児を含めた、保育現場で保育者が気がかりになる子ども（日高・橋本・秋山，2008）」、「発達障害と共通した特徴が認められるが、はっきりとした診断がついておらず、保育者がその子どもに対してどのようにかかわってよいか戸惑う子ども（藤井・小林・張間，2010）」などの状態像を示す子どもと捉えられています。

(2)「気になる子ども」の姿
＜ワーク1＞

　保育者が、「気になる子ども」という表現をするとき、子どものどのようなことが気になっているのでしょうか。保育所や幼稚園で「気になる子ども」の様子としてよく伝えられる、Aさん、Bさんの様子から、考えてみましょう。

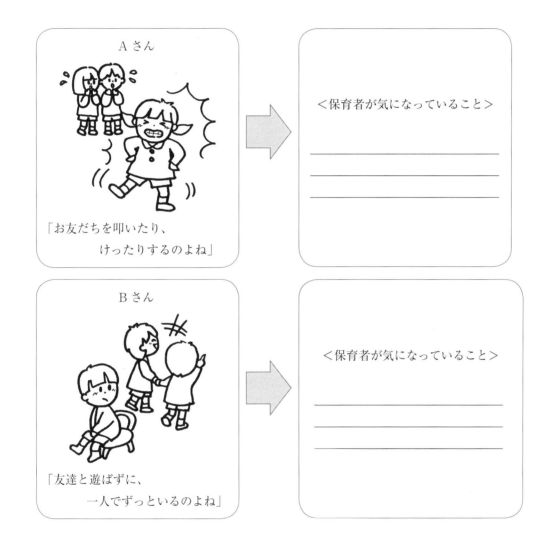

Aさん

「お友だちを叩いたり、
　　けったりするのよね」

＜保育者が気になっていること＞

＿＿＿＿＿＿＿＿＿＿＿＿＿＿＿

＿＿＿＿＿＿＿＿＿＿＿＿＿＿＿

＿＿＿＿＿＿＿＿＿＿＿＿＿＿＿

Bさん

「友達と遊ばずに、
　　一人でずっといるのよね」

＜保育者が気になっていること＞

＿＿＿＿＿＿＿＿＿＿＿＿＿＿＿

＿＿＿＿＿＿＿＿＿＿＿＿＿＿＿

＿＿＿＿＿＿＿＿＿＿＿＿＿＿＿

　保育者が気になっていることは、Aさんの場合、「どうして叩いたり、けったりするのだろう」「どうしたら辞めさせられるのだろう」、Bさんの場合「どのような声掛けがよいのか」「なんで友達と遊ばないんだろう」というようなことが考えられます。

　このように保育者が「気になる子ども」の姿があなたの目の前にあったとき、あなたはどのようなことを感じ、どのようなことが気になるでしょうか。「気になる子ども」の姿は、保育者によって異なります。例えば、Aさんの場合「自己主張がはっきりしている元気な子ども」、Bさんの場

合「おとなしくて手のかからない子ども」と感じる保育者もいるかもしれません。ある子どもを「気になる子ども」と表現する場合、その子どもについて、自分はなぜ、どういったことが気になるのか、それを伝えられることが大切です。

### (3) なぜ「気になる子ども」なのか

保育者は一人ひとりの子どもの発達年齢に合わせたかかわり方をしています。例えば、年長児に対する声掛けと年少児に対する声掛けは異なります。また、同じ年少児であっても、育ってきた環境によって生活習慣や言葉遣いなどにも大きな違いがありますので、保育者は、一人ひとりの子どもの状況を理解し、その子どもに合わせてかかわり方を工夫しています。その中で、なぜ保育者はある子どもについて「気になる子ども」と感じるのでしょうか。

例えば、友だちを叩いたり、けったりといった行動をくり返し行なう「気になる子ども」としてあげた4歳の女の子のAさんについて考えてみましょう。保育者同士で「Aさんは友達と遊ぶことが大好きな子どもです。でも、まだ自分の気持ちをうまく言葉で表現し、伝えることが難しい発達段階にあると思います。だから、Aさんが友だちを叩くのは、たぶん、友達と一緒に遊びたいという理由からでしょう。そして、叩いたり、けったりしたときには、いけないことであると指導し、正しい伝え方を指導するようなかかわりをするのがよいのではないか」ということが共通理解できていれば、「気になる子」として感じないと思います。つまり、保育者にとって「気になる子ども」とは、「かかわり方がわからない子ども」「理解するのが難しく、どう対応していいか戸惑っている子ども」ということになります。また、何か具体的な障害がある場合も同様です。障害があるから「気になる子ども」になるのではなく、保育者が、その子どもにどのように接してよいかわからずにいる状況にある時に、その子どものことを「気になる子ども」と感じるのです。

このように考えると、保育者が「気になる子ども」と感じる場合、問題はその子どもだけにあるわけではないことがわかります。保育者も含めたその子どもを取りまく保育の環境側にも多くの要因があるのです。その相互の関係の中で、保育者が「気になる子ども」になっているのです。つまり、「気になる子ども」ではなく、保育者にとって「気になる状況にある子ども」として捉え、その子どもを理解し、かかわることが必要です。そして、「気になる子ども」にかかわるときには、その子どもの環境についても配慮することが求められます。

### (4) 「気になる子ども」は「困っている子ども」

保育者が「気になる子ども」と表現する場合、気になる問題はその子どもにあり、「困った子ども」として特別なかかわり方が必要なのでは、と考えがちです。本当にそうでしょうか。

友だちを叩いたり、けったりといった行動をくり返しおこす4歳のAさんについて、二つの視点から考えてみましょう。

保育者の多くは、表面的に見えている、叩いたり、けった

Aさん

りといった行動を「困った行動」として捉え、その行動を何とか止めさせなければいけないと考えます。そして、「やめなさい」「いけない」といった指示や命令が増えます。それでもやめない場合には、強い口調になったり、大きな声で叱ったり、手足をつかんだりなど、接し方がエスカレートしていくこともあります。これはAさんを「困った子ども」と捉え、困った行動を何とか修正しなければならない、というかかわり方になります。

　一方、Aさんは、本当は叩いたり、けったりしたいわけではなく、「友達のもっているおもちゃを貸してもらいたかった」という理由があるのかもしれません。「友達と一緒に仲良く遊びたかった」という気持ちがあるのかもしれません。でも自分の言いたいことや気持ちをうまく伝えられなかったり、どのように表現していいかわからなかったりということから、叩いたり、けったりという行動になってしまっていることが想像されます。このように捉えると、Aさんは本当に困っているんだ、という姿が見えてくると思います。そして、Aさんが友達に対して適切にかかわる方法を伝えていくことが必要である、ということも考えられるようになります。これが、Aさん自身が「困っている子ども」である、というように捉えた場合のかかわり方です。

　このように「気になる子ども」を「困った子ども」として考えるか、「困っている子ども」として考えるかによって、子どもへのかかわり方や配慮の内容は違ってきます。保育の主体は子どもです。それゆえ、保育者が「気になる子ども」は、本当は、その子ども自身も「困っている子ども」であることを理解し、なぜわからないのか、どこがわからないか、どうしたらわかるようになるのだろうかと考え、適切なかかわり方をしていくことが大切です。

### (5) 全ての子どもが「気になる子ども」

　2007（平成19）年の学校教育法の一部改正により特別支援教育が法制化され、障害の有無にかかわらず、一人ひとりの子どもたちを大切にしようとする保育・教育への意識が強く向けられるようになりました。そして、その保育・教育の中には、特別支援教育が積み上げてきた障害のある子どもたちの捉え方や指導方法が、取り入れられるようになりました。例えば、絵カードで物の場所を示す、わかりやすい絵で予定を提示する、タイマーで残り時間を示す、といった支援方法などがあげられます。それらは、子どもたちの生活の困難さを軽減したり、学びやすくしたりといった効果をもたらしていると思われます。

　そして、特別支援教育の制度が開始されて以降、「気になる子ども」と表現するとき、多くの保育者が「何か障害がある子どもなのかもしれない」「何か特別な方法での支援が必要な子どもなのかもしれない」ということを思い浮かべるようになりました。しかし、よく考えてみてください。保育者が気になっている子どもは、何らかの障害があって、特別な方法によるかかわり方や配慮を必要とする子どもだけなのでしょうか。

　保育はもともと一人ひとりの子どもの姿を大切にし、一人ひとりに合わせた指導や対応を行なってきています。その方向性は現在も変わりません。例えば、幼稚園教育要（2018）には、「幼児の発達は、心身の諸側面が相互に関連し合い、多様な経過をたどって 成し遂げられていくものであること、また、幼児の生活経験がそれぞれ異なることなどを考慮して、幼児一人一人の特性に応じ、

発達の課題に即した指導を行うようにすること」と記述されており、障害の有無にかかわらず、一人ひとりの子どもに応じた指導が基本とされています。また保育所保育指針解説（2018）にも、「保育においては、子どもの育つ道筋やその特徴を踏まえ、発達の個人差に留意するとともに、一人一人の心身の状態や家庭生活の状況などを踏まえて、個別に丁寧に対応していくことが重要である」と明記されています。このように、全ての子ども一人ひとりの状態を適切に把握し、その子どもにあった保育を行なっていくことが求められているのです。

　そして、子どもは一人ひとり成長の速さは違います。得意なこと、苦手なこと、できること、できないこと、好きなこと、嫌いなことも異なります。つまり、一人ひとりの子どもたち全員が特別なニーズをもっているのです。保育者が「気になる子ども」だけに特別なかかわりをするのではなく、全ての子どもを「気になる子ども」として考え、個々の子どもの実態や気持ちを理解し、その子どもに合わせたかかわりすることが望まれます。それゆえ、保育者には、どのような子どもに対しても適切に対応できる幅広い資質と専門性が求められているのです。

＜ワーク２＞
　保育実習・教育実習やボランティアなどで出会った子どもたちの中で、あなた自身が「気になる子ども」は、どのような子どもだったでしょうか。その子どもには、障害の診断はありましたか。その子どものどのような行動や言葉等が気になりましたか。下の表にまとめてみましょう。

| | |
|---|---|
| 名前（イニシャル） | |
| 診断名（ある場合） | |
| 年齢・性別 | |
| 出会った場所 | |
| 子どもの様子 | |
| 気になったこと | |

## ②人間関係で「気になる子ども」にどのようにかかわるか

### （1）「気になる子ども」とかかわるときに意識したいこと

これまで述べてきたように、「気になる子ども」は、本人の抱える問題だけではなく、保育者が子どもへのかかわり方がわからずに戸惑っている、ということを念頭におくことが必要です。そして、困っているのは子ども自身である、という子ども主体の視点を持ち、「気になるこども」に関わるときには、次のようなことを意識してほしいと思います。

①子どもの困っている気持ちを受けとめましょう。

子どもはどんなことで困っているのか、その実態や気持ちを考えましょう。子どもたちの困っている例としては、次のようなことが考えられます。

・自分の言いたいことがうまく言葉で伝えられない

・集団でいるのが苦手

・感覚が過敏（音、におい等）

・何をしているかがわからない　等

②子どもの発達の状況を把握し、その子どもにあったかかわり方の工夫をしましょう。

「気になる子ども」の背景はさまざまです。家庭環境や保育所・幼稚園の環境に不適応を起こしている場合もあります。また、障害があった場合でも、早い遅いはあっても一般の子どもと同じ筋道に沿って子どもは成長します。障害にとらわれ過ぎると、本来の子どもの姿が見えにくくなり，適切な指導方法が見えなくなります。子どもの発達の状況を把握し、その子どもにあったかかわり方の工夫をすることが大切です。

### （2）「気になる子ども」へのかかわり方を考える

ここでは、事例を通して、人間関係で「気になる子ども」へのかかわり方を考えましょう。

＜ワーク３＞

次の事例について、どのように子どもの実態や気持ちを理解し、どのようなかかわり方があるか、二つの視点から考えてみましょう。

---

＜Ｂさん：友達と遊ばずに、一人でいる子ども＞

Ｂさんは5歳児クラスの男の子です。自由遊びの時間、いつも一人で車や電車を並べて遊んでいます。ある日、4～5人の子どもたちが一緒にプラレールで遊び始めました。すると、Ｂさんもそのそばに座り、にこにこしながら、電車が動く様子を眺めていました。別の日のことです。みんなで、園庭でドッヂボールをすることになりました。はじめは教室でいつものように車で遊んでいたＢさんでしたが、少し遅れて外靴を履き、外に出てきました。そこで、「Ｂさん、いっしょにやろう！」と保育者が誘いましたが、参加はせず、そのまま砂場に行き教室からもってきた車を並べて遊んでいました。しばらくすると、じっとドッヂボールをしている様子を眺め、その後、また、車で遊び始めました。

Ｂさん

<視点1>
子どもの実態・気持ち _____

_____

かかわり方 _____

_____

_____

<視点2>
子どもの実態・気持ち _____

_____

かかわり方 _____

_____

_____

　このようなBさんの姿が見られたとき、Bさんの実態や気持ちをどのように考えるでしょうか。「みんなと一緒に遊びたいのだけれども、遊びに入る方法がわからない」「みんなと遊ぶことに関心がない」「みんなが何をして遊んでいるかわからない」「一人で遊びたい」など、いくつかの実態やBさんの気持ちが見えてきます。

　「一緒に遊びたいけれど、遊びに入る方法がわからない」というように考えた場合には、保育者がもっと積極的に「Bさんも一緒にやろう」と声をかけたり、他の友達に「Bさんも誘ってあげて」と促したりして、遊びに入れるようなきっかけを作ってあげることなどがかかわり方として考えられます。また、「入れてって言ってみれば」とBさんに促し、遊びへの入り方を練習することも有効かもしれません。もしも「みんなと遊ぶことに関心がない」という場合には、まずは、保育者と一対一で遊ぶ機会を作り、他者と一緒に遊ぶことの楽しさを経験させて、少しずつ他の子どもと遊ぶことにつなげ、友達と遊ぶことに関心がもてるようなかかわり方をしていくことも、一つの方法です。「みんなが何をして遊んでいるかわからない」場合は、ルールや遊びの内容を一つひとつわかりやすく説明したり、絵などで提示したりするような工夫が考えられます。「一人で遊びたい」時には、どうして一人で遊びたいのか、一人で何を楽しんでいるのだろうか、という本人の気持ちを理解したうえで、必要に応じてかかわり方を考えることが必要です。友達と一緒に遊べるようになることは子どもの発達段階において重要な活動です。しかし、一人で遊びたいという子どもの気持ちに、保育者の「友達と一緒に遊ばせたい」という思いを押し付けないようにすることも、大切なかかわり方の一つです。

＜ワーク４＞

　＜ワーク２＞であげた、あなたが保育実習・教育実習やボランティアなどで出会った子どもたちの中での「気になる子ども」について、子どもの実態や気持ち、かかわり方について考えてみましょう。

子どもの名前（イニシャル）＿＿＿＿＿＿＿＿＿＿＿＿＿
子どもの実態・気持ち＿＿＿＿＿＿＿＿＿＿＿＿＿＿＿＿＿＿＿＿＿＿＿＿＿＿＿＿＿
＿＿＿＿＿＿＿＿＿＿＿＿＿＿＿＿＿＿＿＿＿＿＿＿＿＿＿＿＿＿＿＿＿＿＿＿＿＿＿
＿＿＿＿＿＿＿＿＿＿＿＿＿＿＿＿＿＿＿＿＿＿＿＿＿＿＿＿＿＿＿＿＿＿＿＿＿＿＿
かかわり方＿＿＿＿＿＿＿＿＿＿＿＿＿＿＿＿＿＿＿＿＿＿＿＿＿＿＿＿＿＿＿＿＿＿
＿＿＿＿＿＿＿＿＿＿＿＿＿＿＿＿＿＿＿＿＿＿＿＿＿＿＿＿＿＿＿＿＿＿＿＿＿＿＿
＿＿＿＿＿＿＿＿＿＿＿＿＿＿＿＿＿＿＿＿＿＿＿＿＿＿＿＿＿＿＿＿＿＿＿＿＿＿＿

【参考文献】
藤井千愛・小林真・張間誠紗（2010）「保育園における"気になる子ども［特別なニーズを有する子ども］への特別支援保育」富山大学人間発達科学研究実践総合センター紀要教育実践研究（5),131-139.
日高希美・橋本創一・秋山千枝子（2008）「保育所・幼稚園の巡回相談における『気になる子ども』のチェックリストの開発と適用」東京学芸大学紀要, 59：503-512.
本郷一夫・杉村僚子・飯島典子・高橋千枝・平川昌宏（2005）「保育の場における「気になる」子どもの保育支援に関する研究」教育ネットワーク研究室年報 (5), 15-32.
厚生労働省（2018）「保育所保育指針解説」フレーベル館.
文部科学省（2017）「幼稚園教育要領」チャイルド社.

# 第10章
# 指導案の書き方・ポイント

## 1 指導案作成のポイント

　指導案は長期の指導計画に沿ったものを作成します。そのためにも実習期間中の月案や週案について指導保育者から十分説明を受けることが必要です。指導案は、保育実践を行なうために立てる計画です。立案前までに、子どもについての疑問点や留意点などを担当保育者から十分に指導を受けておく必要があります。また、部分実習や責任実習に間に合うように、指導案を作成し、担当保育者の指導、助言を受けておくことが大切です。

　担当保育者から指導を受け、指導案を改善する時間を考えると、実習の直前ではなく、前もって見てもらうための時間の余裕が必要となります。したがって、指導案はできるだけ早く立案し、担当保育者の助言を仰ぎ細案を立てておきます。ここでは、指導案作成において、具体的にどのようなところにポイントを置いて立案すればよいのかを見ていくことにしましょう。


### ◎指導案作成のプロセス

① 　子どもの現状の理解

　前日までの子どもの姿の欄には、子どもが楽しんでいること、興味や関心の対象、意欲的な活動、子どもの気持ちの背景などをとらえて記載します。

② 　保育のねらい

　どうすれば遊びを広げ、楽しく深めていくことができるかを考えます。一人ひとりの興味や関心、発達課題に応じたものを踏まえて、生活の流れや季節の変化などを考慮します。ねらいとは、卒園するまでに子どもに育つことが期待されている心情（人やものに対しての心の気持ち）・意欲（自分から積極的に何かをしようとする気持ち）・態度のことです。

　具体的なねらいの設定は幼児に何をさせるか、何をさせたいかを優先しないように注意し、正しいねらいの立て方を思い出し、適切なねらいが具体化できるように幼児の実態をよく把握しておくことが求められます。ねらいには、保育者の願いが反映されますが、主体はあくまでも子どもですので、主語は子どもとなります。例としては「友達と一緒にエプロンシアターを楽しむ」等があげられます。また、保育所の実習指導案で、3歳未満児における養護のねらいを立てる際は、保育者が主語になる場合もあります。例としては「一人ひとりの気持ちを理解し、安心して気持ちよく過ごせるようにする」等があげられます。

③ 　内容のたて方

　内容には、ねらいを達成するための具体的に何を経験したらよいのかの内容を明らかにします。発達の課題を明確にすることが必要です。具体的な活動と、その活動から得られる経験を記載します。また、その時期にしか経験できないことを考えるとよいでしょう。ねらいと同様に主体はあくまでも子どもですので、主語は子どもになります。内容の立て方の例としては『エプロンシアター

「お片付けできるかな」を見ながら、答えを考えて発言する』等があげられます。ねらいの立て方と同様に、保育所での実習指導案において、3歳未満児における養護の内容については、保育者が主語になる場合もあります。例としては「安全な環境を整え、一人ひとりの子どもの気持ちを受け止め、安心して生活できるように援助する」等があげられます。

④　子どもの動き

　子どもを主語にし、子どもの動く様子を予測して書きますが、子どもの気持ちなどの内面は入らないことに注意して下さい。子どもの動きを予測するためには、実際に今までかかわった子どもの姿を思い出し、子どもの反応や動きなどを考えていく必要があります。

⑤　活動時間

　子どもの活動ごとにどのくらいの時間が必要かを考えて記入します。一日の生活の流れを念頭に置き、時間配分を考えます。そのためにも、子どもたちがそれぞれの活動にどのくらいの時間が必要であるのか把握しておくことが必要です。

⑥　環境の構成

　子どもに経験させたい活動が十分に展開できるような状況が作り出されるように、保育者が環境に対して行なう働きかけです。子どもの興味や関心が引き起こされ、子ども自らが活動したくなるように整えられている環境を捉えて記述します。前日の生活の様子を踏まえ、必要とされる園具、遊具、素材などの種類や数量を考えます。活動する場所や時間によってどのように組み合わせ配慮するのか、教材・用具などを活動の流れに応じてどう準備し、構成していくのかなどを図示します。子ども同士の交流が活発に行なわれるような機会を作ります。（グループの構成、座席の位置など）図や線を描くときは、定規を使うようにして下さい。例えば、製作の時間では、まず室内の机の位置はどのようにするのか。どのように園児を座らせるのか。材料置き場にはどのような材料を用意するのか。どのように片付けるのかといったことを図や説明で書きます。

⑦　保育者の援助・配慮点

　子どもの活動が変化するのに伴って、保育者がどのような援助を行なう必要があるのか、どのような点に留意して話したり行動したりするのかを記入していきます。主語は保育者となります。例えば、子どもの活動が「後片付け」のとき、保育者はどのように動いたらよいのか。子どもにどんな声をあけながら片付けるのか。片づけからはずれてしまう子どもにはどのように対応するのか「食事のマナーに気をつけながら、家庭的な雰囲気の中で、みんなで楽しく食事ができるように配慮する」等を書きます。

　また、保育者の援助・配慮点におけるふさわしくない言葉としては、「〜を教える」「〜をさせる」等があげられます。設定保育における活動では、保育者の思いが強すぎて、主体が子どもであるはずが、いつの間にか主体が保育者になってしまっている場面が見られることがあります。保育者主導の保育にならないように、保育者の思いを子どもに押し付けるような印象を与える言葉を避けましょう。保育者は子どもを従わせるために援助するのではありません。子どもが一人でできるようになるための援助や導きをすることが大切です。

⑧　反省

　反省は感想ではありません。ただ楽しかった、良かったなどで終わらないようにし、保育の実践から何を学んだのかをまとめてみましょう。保育の実践では、指導計画の流れにあわせて、無理に子どもをひきまわしてしまわないようにし、計画どおりに子どもの活動が展開しなかった時は、そのことが評価・反省され次の指導に役立てていけるように考えます。念入りに立案しても、実際にはなかなか予想通りにはいきません。その場合あまり計画にこだわらずに、柔軟に対応しましょう。思いがけず素晴らしい展開になったり、逆に全くうまくいかなくて泣きたい気持ちになったりする時もあるでしょう。いずれにしても、後で保育を振り返って、なぜそうなったのかを考えることが大切です。

⑨　その他

　文字は丁寧に書き、できるだけ漢字を使用します。漢字は必ず辞書を引き、誤字・脱字のないようにしましょう。特に、指導保育者から一度注意を受けた字や書き方は、二度注意をうけることがないようにして下さい。適度な大きさや字と字の間隔に気をつけて丁寧に書くことを心がけましょう。時間、予想される子どもの活動、環境構成、保育者の援助については、必ず連動していますので、横の部分を揃えるようにしましょう。その際には、子どもの活動ごとに区切り、前後のスペースを空けるようにしましょう。常に読み手が見やすいということを念頭に置き、指導案を作成するように心がけましょう。

## ② 保育所における指導計画の実際

### （1）保育所（3歳未満児）の指導案の一部

　ここでは、実際に保育園の指導案の一部を見ていくことにしましょう。下線部①〜④は修正が必要な箇所となります。

| 9月2日月曜日 | 天候　晴れ | 対象児さくら組　2歳児　男児8名　女児6名 計14名 | | 実習生　○○○○ |
|---|---|---|---|---|
| 前日までの乳幼児の姿 | | ねらい | | |
| ・暑い日が続き、体調を崩している子どもがいる。 ・保育室では保育者と一緒にブロック遊びやままごと遊びを楽しむ姿もある。 | | ・実習生や友達と一緒に好きな遊びを見つけて楽しむ。（教育） ・安全で衛生的な環境で、一人ひとりの遊びを見守る。（養護） | | |
| | | 内容 | | |
| | | ・好きな遊びを見つけて遊ぶ。（教育）　安全で衛生的な環境において、子どもがじっくり遊べるように適切な援助を行う。（養護） | | |
| 時間 | 予想される乳幼児の活動 | | 環境構成 | 保育者の援助と留意点 |
| 11:40 | ○給食 ・排泄を済ます。　手洗いをしてコップを持って席に着く | | 保育室 テーブル配置 | ・食事の途中でトイレに行かなくても済むように、必要な子どもは排泄を済ませてから手洗い、食事の準備をするように声掛け |

| 時間 | | | |
|---|---|---|---|
| | ・エプロンをしてもらう。 | 水道<br>ロッカー<br>□<br>□<br>□ | をする。<br>・月齢やメニューなどを考慮して必要な子どもにはエプロンをつける。<br>・準備が整った子どもには配膳を確認してコップにお茶を入れる。<br>・保育者が一人ずつ声をかけて挨拶をするように促す。 |
| | ・「いただきます」の挨拶をする。 | テーブル3台<br>椅子　18個<br>　（子ども14）<br>　（保育者4）<br>エプロン14枚 | ・楽しい雰囲気で食事ができるように、「今日もおいしそうだね」「たくさん食べてね」といった言葉のやりとりを大切にする。 |
| | ・食事をする。<br>・①苦手な食べ物があって、進まない子どもがいる。 | ・テーブルを拭き図のように給食の準備をする。<br>給食 | ・「おいしかったね」と声掛けをし、おいしく食べたことの喜びを共有する。 |
| | ・おしぼりで口や手をきれいにする。<br>・「ごちそうさま」の挨拶をする。 | お茶<br>布巾<br>雑巾<br>おしぼり | ・口や手をきちんと拭けていることを確認する。<br>・保育者か一人ずつ声をかけて、挨拶するように促す。 |
| 13:00 | ○着替え | ・着替えを用意する。<br>保育室<br>（午睡時）<br>水道<br>ロッカー　布団 布団 | ・排泄を済ませ、寝間着に着替えをするように促す。<br>・体調などを把握しながら声掛けを行ない、保育者がどこまで手伝うかを見極める。 |
| | ○午睡<br>・②眠れない子どもがいる。 | ・布団を敷く。<br>（枕、敷布団、シーツ、バスタオル各14個）<br>・決まった場所で一定時間寝ることができるように布団を敷く位置を固定する。<br>・カーテンを閉める。<br>・電気を消す。 | ・「おやすみなさい」と言って全員が布団に入ることを確認する。<br>・一人ひとりの睡眠のリズムを大切にする。 |

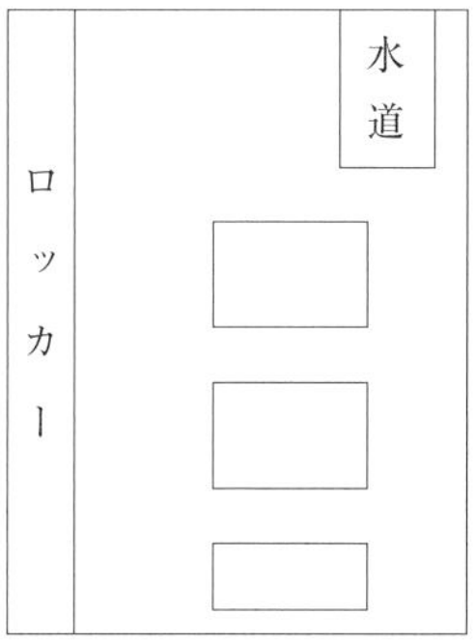

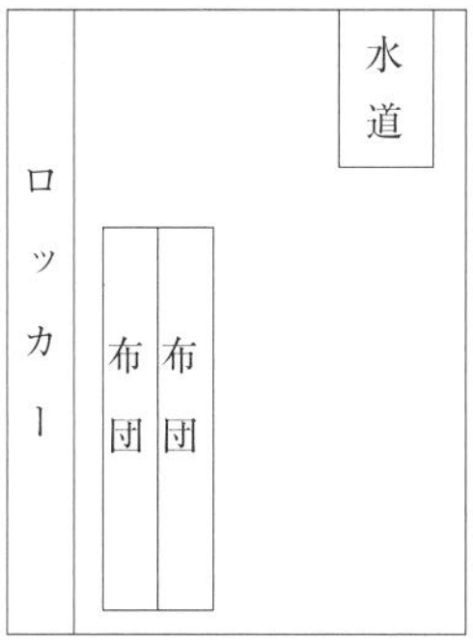

| | | ・換気をする。<br>・電気をつける。<br>・カーテンを開ける。<br>・着替えの用意をする。<br>・布団をたたみ片付ける。 | |
|---|---|---|---|
| 14:50 | ○目覚め<br>・目覚めた子どもから起きる。<br>・汗をかいた子どもは着替える。<br><br><br>・④なかなか起きない子どもがいる。<br><br>・排泄を済ませて、手洗いをする。 | | ・目覚めた後に、体調に変化がないか確認する。<br><br>③　「汗をかいたらお着替えしようね」と声掛けを行ない、着替えるように促す。<br>・援助が必要な子どもに対しては手伝いをする。<br>・汗で布団が湿っている場合はベランダに干す。<br>・睡眠のリズムが崩れ、夜眠れなくなるので、目覚めるように何度か声をかける。<br>・トイレに行って排泄をしてから手洗いをするように促す。<br>・手洗いができているかを確認する。<br>・順番に手を洗えるように声掛けし、子どもが手を洗えるようにする。 |

## （2）指導案の修正ポイントの解説

　3歳未満児の指導案は個別に立案することが基本となります。乳児の指導案は、デイリープログラムを参考にし、養護の側面を大切にした保育を考えて作成することが必要となります。そのため、ねらいと内容においては、養護と教育のそれぞれのねらいと内容を書く必要があります。3歳未満児は特に発達の個人差が大きいことが特徴としてあげられます。年齢差だけでなく月齢差によっても発達の姿が違ってきますが、2歳児は、食事、衣服の着脱、排泄の自立など身の回りのことが徐々に自分できるようになっているので、基本的生活習慣への意欲を引き出すことが大切です。また、2歳児は語彙が増えて自分の思っていることを言葉で伝えようとしますが自我が芽生え、自己主張が強くなる時期です。保育者の援助として子どもの気持ちを保育者が代弁するということが求められます。

　指導案で示す生活の様子と時間は、年齢が低いほどその日の睡眠や食事、体調などによって活動が変化しますので、あくまでも目安と言えます。予想される乳幼児の活動では、下線部①の「苦手な食べ物があって、進まない子どもがいる」および下線部②の「眠れない子どもがいる」という部

分は、両方ともあくまでも保育者の捉えであり、事実とは異なることもあります。したがって下線部分を削除し、保育者の援助の欄に下線部①の場合は「一口食べるように『食べると元気になれるよ』と勧めるが偏食などは個別に無理のないように援助する」等と付け加えて修正する必要があります。

また、下線部③の場合は、「眠れない子どもがいる場合は、子どものそばに行き、トントンしたり、子守唄を歌ったりして気持ちよく眠れる雰囲気を大切にしていく」というように書き添えるように修正すると良いでしょう。下線部④の「なかなか起きない子どもがいる」という部分も、下線部①、②、③と同様のことが言えます。保育者の援助に「睡眠のリズムが崩れ、夜眠れなくなるので、目覚めるように何度か声を掛ける」と書かれていますが、その部分に「なかなか起きない子どもがいた場合は」という文章を付け加えるように修正すると良いでしょう。

環境構成では、清潔で安全で安心して過ごせるための環境の設定を行なうことが必要となります。保育者は常に危険な場所がないように気を配り、安心して遊べる場所を確保することが大切です。2歳児は、運動機能が発達して行動範囲が広がるので、保育者は子どもの遊びごとに見守る位置を決め、事故が起きたりケガをしたりしないように未然に防ぐ配慮が必要となります。指導案の中で午睡後の着替えの場面では下線部③の「『汗をかいたらお着替えしようね』と声掛けを行ない、着替えるように促す」という下線部分からも読み取れるように、一人ひとりの子どもの気持ちを汲み取り、子どもが伝えたいと思われる言葉を代弁して声掛けを行なうことが重要となります。しかし、実際は保育者の援助の欄に、声掛けの内容ばかりをカギ括弧にして書く実習生が多く見受けられます。どのように子どもに声を掛けるかについて書きたい場合は別紙に書くようにし、指導案では声掛けだけを羅列することのないように注意しましょう。

指導計画について、指導案の例を挙げながら修正加筆箇所を説明しましたが、今回示したことは、一つの例であり、実際の指導案にはさまざまな書き方があります。それぞれの保育所や指導する保育者によっても書き方や教え方は違ってきます。保育所実習では、各保育所や担当保育者の指導の方法に沿って書き進めていくと良いでしょう。

## ③幼稚園における指導案作成

### （1）計画を立てる意味

幼稚園は、学校教育法に規定される教育機関であり、学校です。一方、（認定こども園には現在4つの種類がありますが、本項では幼保の機能を特に併せ持つ幼保連携型について触れることとします）幼保連携型認定こども園は、幼稚園機能と保育所機能の両方の機能をあわせ持つ単一の施設であり、認定こども園としての機能を果たすものです。なお、幼保連携型と幼稚園型における保育者としての勤務には、幼稚園教諭免許と保育士資格が求められます。

どちらの施設も子どもが主体的に、また意欲的に楽しい生活・体験から学び、生きる力を培うための学校教育を行なう場です。そのため、どのように計画を立てれば子どもが望ましい姿で育っていけるかを考えることはとても重要で、保育者はただ子どもと遊んでいるわ

けではありません。保育者は人的環境の重要な一部として、他にも物的環境を子どもの興味や関心、発達に合わせて設定することで、子どもの成長により良い影響を与えるねらいがあります。

　では、計画とはどのように作るものなのか、考えていきましょう。大枠として、保育の計画は、園全体のカリキュラムに基づいて作成された年間カリキュラムから期（または月）ごとのカリキュラムに、そして週ごとや日ごとのものへと細かくなっていきます。そして、計画は必要に応じて修正します。すなわち計画は、現状から見通しを持って子どもと関わり、心身の成長を促し、園ごとに保育者が願う子どもの育ちを効果的に保障していくために不可欠だと言えます。また、全体のカリキュラムを通してどのような子どもを育てようとしているのかという園の方針を自らが理解しておくことは、求められている保育を考え、実践していくうえでとても重要です。

　次に、日々の活動について考えてみましょう。なぜ年間カリキュラムや月間カリキュラムの他に一日単位（日案）や、特に一週間単位（週案）で多くの園が計画を作るのでしょうか。理由の一例として、一つひとつの物事や人的環境としての保育者の言動に教育的な意味を見出し、子ども一人ひとりが活動を通して何を学ぶことをねらいとするか、また意欲的かつ豊かに経験できるかなどを整理して考えることによって、そのねらいを達成するために必要な人的および物的な環境と、その構成について意図し、都度軌道修正することができます。つまり活動には、子どもの望ましい心情・意欲・態度、また幼児期の終わりまでに育ってほしい姿を育んでいくうえで、すべて意図があるのです。そして日々の活動をただ漠然とくり返し行なうのではなく、子どもの発達状況を把握し、活動の意味をよく吟味し、理解し、どのようなことを学ばせたいかというねらいを持って実情に即したものを行なうことで、意図されたあそびや活動がより効果的なものになっていくのです。

　当番活動を例に考えてみましょう。考えるポイントとして、当番の子どもの役割として何を行なうのか。何人で行なうのか。そしてその役割はどのように決めるのか。それらの事柄をなぜ行なうのか、そのための環境をどのように整えておくのか、また季節ごとにどのような活動を考えていくのかなどという事が挙げられます。

　他にも実情に即した例として、絵本や紙芝居を考えてみましょう。教材として絵本や紙芝居を選定するときに必要な視点として、①どのようなねらいによってこの教材を提示するのか。②子どもの実情に即した関心の持てるテーマだろうか。③教材が子どもたちの発達に即した長さ（枚数）だろうか。④語彙は理解に難くないだろうか。⑤また子どもの理解力を内容が下回る、簡単すぎるものではないだろうか。これらの視点を実際に教材選定に当てはめて①や②を考えてみると、以下のようになります。

① プールの季節を目前に、３歳児クラスの子どもたちに水遊びの楽しさと注意事項を伝え、約束を守って安全に遊ぶことを学んでもらいたい

② 水遊びやプール遊びをとても楽しみにしている様子がうかがえるが、普段から約束を守れない子もいる。

　他に③、④、⑤について、８コマの紙芝居で１枚ごとの文字数も少ないものを選定したり、子どもの発達状況を踏まえて語彙が難しくないかどうか、理解しやすい内容や絵かどうか、などといったことを判断材料にし、選定していくと良いのではないでしょうか。

　このように、保育者がどのような子ども像を理想とし、成長を願っているのかということをできるだけ明確に具体化するために、多くの案や情報を参考にしながら目の前の子どもたちに相応しいと思われる最適な方法や援助方法を保育者が考え、作り出していくということが重要です。

## （2）幼稚園における指導案作成のポイント

　指導案作成の順序や書き方については先述の「（1）指導案作成のプロセス」に記してあるように考えていくことが望ましいでしょう。そのため、本項以降では施設ごとの特色に応じたポイントを述べていきたいと思います。

　幼稚園に通う子どもは、地域や園によって差もあると思いますが、比較的、情緒が安定している様子が見受けられます。しかし3歳児は、入園まで家で生活している子どもが多いため、初めて幼稚園という集団生活を行なう社会に出ることになります。そのため、保育所に通う3歳児に比べて排泄や衣服の着脱などの生活習慣があまり身についていない姿もあり、丁寧な指導が求められます。そして、クラスでの初めての集団生活にも戸惑う姿が予想されます。普段関わってきた保護者などの、自分の思いをくみ取ってくれる大人ではなく、同年齢の他児との接し方、関係の作り方に関しても保育者が仲立ちをするなどして援助する機会が多いと思われますが、その時に保育者はやはり、子どもとの関わりを丁寧に行なう事が肝心です。子どもは保育者の言動の一つひとつを見て学んでおり、身近な存在として大きな影響力を持つため、人としてのモデルとなる存在として相応しい態度、言葉遣い、服装などを心がけましょう。

　他に保育所や認定こども園との違いとして、生活時間の長さが挙げられます。幼稚園の保育時間はおおよそ4時間となっており、その他の施設とは大きく異なります。その時間の流れを踏まえて指導案を考えましょう。

## （3）認定こども園における指導案作成のポイント

　認定こども園は、幼稚園として入園した子どもと保育の各認定によって入園してきた子どもたちが一緒に生活する場で、子どもたちの生活にさまざまな差異があります。例えば入園時期が異なったり、入園理由、つまり認定の別により登園・降園時間が異なります。そのため、個々の健康状態により配慮することや、幼稚園機能の在籍児が降園した後に残った子どもたちへの接し方など、クラスの編成によって、より多様な状況に置かれた子どもたちに対応していくことが求められます。そのため、1日の生活を視野に入れた細かな活動計画が求められてくることでしょう。そして、そのような個別のものも含めた対応の一つひとつが「園児一人ひとりにとってふさわしい生活の場」作りへとつながっていくのです。

　さらに、（1）の冒頭で述べたとおり、幼保連携型および幼稚園型認定こども園は学校教育を行なう場でもあるため、どの子どもにも共通した4時間程度は学級を編成することになっています。そこで、指導案作成の際には養護部分と教育部分を意識して環境構成や活動上の留意点をより意識的に書くように考えることで、長時間保育を受ける子どもにとっても無理のない計画を作るよう心がけましょう。

■おわりに■

　本書は、保育者を養成する大学、短大、専門学校等の教育機関で「保育内容（人間関係）」等の科目で用いられることを念頭に置いて作成された教科書です。使用方法によっては、"サイドブック"として使われても良いかもしれません。

　保育・教育現場においては、乳幼児期の子どもたちはまず保育者に出会います。そして、周囲にいる、年齢の近い乳幼児期の子どもたちにも出会います。そのような出会い、そしてかかわりを通して、私たちがよく知っているように、子どもたちは多くのことを学んでいきます。保育者として働こうという人たちは、保育・教育現場に出る前に、そこで子どもたちが何を経験し、何を学び、その場では何を注意しなければならないのかなどを知る必要があるでしょう。しかも、子ども一人ひとりは異なります。まったく同じ子どもは一人もいません。子ども一人ひとりをよく見て、その子どもの特性に応じたかかわりをしていかなければなりません。本書を読み進めた皆さんはよく理解できたことでしょう。

　保育者として働く人は、乳幼児期の子どもたちだけとかかわるわけではありません。目の前にいる子どもたちの保護者、一緒に働いている保育者ともかかわることになります。保護者との人間関係、保育者同士の人間関係についてもまた、私たちは理解しなければなりません。そのこともまた、本書で述べられた通りです。

　本書は教科書として作成されていますが、ご覧の通り、ただ読むだけの教科書ではなく、ワークブック形式でつくられております。本書内の指示に従い、自分自身で考えたり、グループワークをおこないながら、理解を深めていただければ幸いです。実際の事例もたくさん掲載してありますので、読みやすいのではないでしょうか。

　本書がきれいなままではなく、何度も読み返されて、授業で書き込みをしたりしてボロボロになるまで使われることを執筆者全員が望んでいます。

編者のひとりとして<br>宮内　洋

【編者プロフィール】

田中　卓也（たなか　たくや）
静岡産業大学経営学部教授

広島大学大学院教育学研究科博士後期課程単位修得退学。吉備国際大学社会福祉学部子ども福祉学科専任講師、同心理学部子ども発達教育学科専任講師、共栄大学教育学部准教授を経て現職。単著書として『子ども文化論通信教育部テキスト』（ふくろう出版）、編著書として『保育者・小学校教諭・特別支援学校教諭のための教職論』（北大路書房）、『保育者への扉』（建帛社）、『幼児教育方法論』（学文社）、『日本教育史を学ぶ』（東信堂）、共著書として『子どもの教育原理』（建帛社）、『保育実習』・『幼稚園教育実習』（いずれも一藝社）など多数。

宮内　洋（みやうち　ひろし）
群馬県立女子大学文学部教授

1990 年、北海道大学教育学部卒業。1998 年、北海道大学大学院教育学研究科博士後期課程単位修得退学。日本学術振興会特別研究員 DC1、日本学術振興会特別研究員 PD、札幌国際大学人文学部専任講師、高崎健康福祉大学短期大学部助教授、高崎健康福祉大学人間発達学部准教授を経て現職。単著書として『体験と経験のフィールドワーク』（北大路書房）、編著書として『あなたは当事者ではない』、『〈当事者〉をめぐる社会学』（ともに北大路書房）、共著書として『質的心理学講座第 1 巻　育ちと学びの生成』（東京大学出版会）など。

藤井　伊津子（ふじい　いつこ）
吉備国際大学心理学部子ども発達教育学科専任講師

聖徳大学大学院（通信教育課程）児童学研究科児童学専攻博士前期課程修了。保育実習、保育実習指導、保育内容領域（人間関係・言葉）を担当。4 年間の保育所勤務の後、保育者養成に携わる。順正短期大学・吉備国際大学短期大学部に勤務を経て現職。共著書として『保育者への扉』建帛社（共著 .2012）、『明日の保育・教育にいかす子ども文化』渓水社（共著．2015）。地域活動として、学生と共に保育現場の出かけていきストーリーテリングや絵本・紙芝居の読み聞かせ活動を行っている。

中澤　幸子（なかざわ　さちこ）
静岡産業大学経営学部准教授

横浜国立大学大学院教育学研究科修了。神奈川県特別支援学校教諭、浜松学院大学専任講師を経て現職。共著書として『特別支援学校の学習指導要領を踏まえた「病気の子どものガイドブック」』（ジアース教育新社）、『特別支援教育概論－新教育要領・学習指導要領準拠－』（大学図書出版）、『Q＆A で学ぶ障害児支援のベーシック 2 訂版』（コレール社）、『幼児教育方法論』（学文社）など。

基礎からまなべる保育内容（人間関係）ワークブック

2020 年 2 月 29 日　初版　第 1 刷　発行　　　　　　　定価はカバーに表示しています。

| | | |
|---|---|---|
| 編　者 | 田中卓也 | |
| | 宮内　洋 | |
| | 藤井伊津子 | |
| | 中澤幸子 | |
| 発行所 | （株）あいり出版 | |
| | 〒 600-8436　京都市下京区室町通松原下る | |
| | 　　　　　　元両替町 259-1　ベラジオ五条烏丸 305 | |
| | 電話／ＦＡＸ　075-344-4505　http://airpub.jp/ | |
| 発行者 | 石黒憲一 | |
| 印刷／製本 | モリモト印刷（株） | |